초등 글쓰기가 쉬워지는 비밀
고쳐쓰기의 힘

초판 1쇄 인쇄 2024년 9월 12일
초판 1쇄 발행 2024년 9월 19일

지은이 김성효

발행인 장상진
발행처 (주)경향비피
등록번호 제2012-000228호
등록일자 2012년 7월 2일

주소 서울시 영등포구 양평동 2가 37-1번지 동아프라임밸리 507-508호
전화 1644-5613 | **팩스** 02) 304-5613

ⓒ김성효

ISBN 978-89-6952-595-6 03370

· 값은 표지에 있습니다.
· 파본은 구입하신 서점에서 바꿔드립니다.

1. 제품명 : 고쳐쓰기의 힘 2. 제조자명 : 경향BP
3. 주소 : 서울시 영등포구 양평동 2가 37-1번지 동아프라임밸리 507호
4. 전화번호 : 1644-5613 5. 제조국 : 대한민국
6. 사용연령 : 6세 이상 7. 제조연월 : 2024년 9월
8. 취급상 주의사항
  - 종이에 베이거나 긁히지 않도록 조심하세요.
  - 책 모서리가 날카로우니 던지거나 떨어뜨리지 마세요.

초등 글쓰기가 쉬워지는 비밀

고쳐쓰기의 힘

김성효 지음

경향BP

글쓰기는 힘이 세다

"선생님 책으로 아이를 키웠습니다."

지난달에 강연에서 만난 예꼬작 학부모님이 말씀하셨어요.

"아이가 학교에서 친구 문제로 힘들 때 글쓰기가 정말 큰 힘이 됐어요. 공부도 공부지만, 사춘기도 덕분에 자연스럽게 지나갈 수 있었던 것 같고요. 정말 감사해요."

이 말을 들었을 때 참 행복하고 뿌듯했습니다.

맞아요. 글쓰기는 정말로 힘이 셉니다. 공부를 잘할 수 있게 만드는 것은 기본이고, 이 친구처럼 정서적으로도 더 행복하고 안정감 있게 지낼 수 있도록 도와주어요. 글을 쓰면 마음에 담아 둔 비밀 이야기도 털어놓을 수 있고, 한 번도 가 본 적 없는 세상으로 날아갈 수도 있어요. 상상력도 키워 주고, 학습하는 힘도 키워 주고, 생각하는 힘도 길러 주니까 글을 써서 일석 삼조를 얻을 수 있어요.

선생님은 교직 경력이 27년째인 초등 교사로 10년 넘게 책을 써 왔어요. 그동안 쓴 책만 32권이에요. 학부모님과 선생님들이 읽는 책은 물론이고 판타지 동화도 써 왔어요. 그런 선생님에게 아이들이 초등학교 때 꼭 배워야 할 단 한 가지를 꼽으라고 한다면 '글쓰기'라고 말할 거예요.

이 책에서는 선생님이 어린이들과 교사들에게 가르쳐 왔던 글쓰기에 대해서 자세하게 다루었어요. 이 책에 나오는 대로 다양하고 재미있는 글쓰기를 연습해 보세요. 선생님이 장담하건대 정말로 쉽고 빠르게 글쓰는 실력이 늘 거예요. 선생님이 가르쳤던 예꼬작 어린이들은 여러 다양한 전국 단위 글쓰기 대회에서 상을 받았고, 선생님이 가르쳤던 예작

선생님들도 같은 방법으로 글을 써서 책을 출판했어요.

  많은 학부모님과 어린이들이 글을 잘 쓰고 싶어 합니다. 글쓰기에는 이런 여러 가지 힘이 있으니까요. 하지만 어떻게 해야 정말로 글쓰기가 쉬워지고, 재미있어지고, 잘하게 되는지는 잘 모릅니다.

  글을 잘 쓰는 작가들은 보통 오랜 시간 글쓰기를 연습하고 갈고 닦으면서 잘 쓰게 되는 과정을 거쳤지만, 이것을 학생들에게 가르치는 건 또 다른 문제라 글쓰기 가르치는 일을 어려워합니다. 반대로 아이들을 잘 가르치는 교사들은 또 작가들만큼 글을 많이, 전문적으로 써 오지 않았기 때문에 가르치는 건 쉬운데, 글쓰기는 어떻게 해야 잘하게 되는 건지 작가들만큼은 모릅니다.

  저는 교사로 시작해서 스피치라이터 장학사를 거쳐 지금은 전문 작가인 동시에 교육자입니다. 잘 가르치면서 잘 쓰는 아주 독특한 이력을 갖고 있지요. 그런 제가 직접 글쓰기 고수가 되는 방법을 알려 드릴게요. 어떻게 해야 쉽게 배우고, 바로 써먹을 수 있을지 말이에요.

  이 책에는 기본적인 문장 쓰기부터 어떻게 하면 긴 글을 쉽고 잘 쓸 수 있을 것인지에 대한 내용을 담았습니다. 어떤 학부모든, 어떤 선생님이든 이 책으로 아이들을 가르친다면 쉽게 글쓰기를 가르칠 수 있을 거예요.

  글쓰기 전문가 성효샘의 노하우를 믿고 자신 있게 도전해 보세요. 잘 해낼 수 있을 거예요. 그럼 작가가 되는 진짜 글쓰기의 세계로 함께 떠나볼까요.

차례

머리말 글쓰기는 힘이 세다   4

1장 글쓰기 왕초보 탈출하기

- 01 선생님, 글쓰기 잘하면 뭐가 좋아요?   10
- 02 글쓰기 고수 되는 첫걸음 : 글을 쓰면 생각이 자라요   14
- 03 글쓰기 고수 되는 두 걸음 : 글쓰기 이렇게 하면 안 돼요   15
- 04 글쓰기 고수 되는 세 걸음 : 200자 원고지 쓰기 1   17
- 05 글쓰기 고수 되는 네 걸음 : 200자 원고지 쓰기 2   19
- 06 글쓰기 고수 되는 다섯 걸음 : 200자 원고지 쓰기 이 정도면 나도 고수   21

2장 고쳐쓰기로 글쓰기 초보 탈출하기

- 01 글쓰기 고수 되는 여섯 걸음 : 고쳐쓰기 1   24
- 02 글쓰기 고수 되는 일곱 걸음 : 고쳐쓰기 2   26
- 03 글쓰기 고수 되는 여덟 걸음 : 글을 고쳐 써야 하는 이유   31
- 04 글쓰기 고수 되는 아홉 걸음 : 어떤 문장이 좋은 문장일까?   32
- 05 글쓰기 고수 되는 열 걸음 : 문장 짧게 쓰기   35
- 06 글쓰기 고수 되는 열한 걸음 : 문장 바로 쓰기 이 정도면 나도 고수   38

3장 자세하게 고쳐쓰기로 글쓰기 고수 되기

- 01 글쓰기 고수 되는 열두 걸음 : 자세하게 쓰기   44
- 02 글쓰기 고수 되는 열세 걸음 : 육하원칙으로 질문하면서 글쓰기   47
- 03 글쓰기 고수 되는 열네 걸음 : 두 번째 고쳐쓰기   49
- 04 글쓰기 고수 되는 열다섯 걸음 : 글로 그림을 그려요   53
- 05 글쓰기 고수 되는 열여섯 걸음 : 묘사 이 정도면 나도 고수   56
- 06 글쓰기 고수 되는 열일곱 걸음 : 판타지 고쳐쓰기 1   58
- 07 글쓰기 고수 되는 열여덟 걸음 : 판타지 고쳐쓰기 2   59
- 08 글쓰기 고수 되는 열아홉 걸음 : 다행시 고쳐쓰기   60
- 09 글쓰기 고수 되는 스무 걸음 : 한 번 더 고쳐쓰기   62
- 10 글쓰기 고수 되는 스물한 걸음 : 귀찮지만 한 번 더 고치기   65

4장
실감나게 쓰기로 글쓰기 고수 되기

01 글쓰기 고수 되는 스물두 걸음 : 실감나게 쓰기 1 … 70
02 글쓰기 고수 되는 스물세 걸음 : 실감나게 쓰기 2 … 72

5장
고쳐쓰기로 논술 고수 되기

01 글쓰기 고수 되는 스물네 걸음 : 논술은 형식이 정해진 글쓰기다 … 80
02 글쓰기 고수 되는 스물다섯 걸음 : 논술에 쓸 수 있는 근거 VS 쓸 수 없는 근거 … 82
03 글쓰기 고수 되는 스물여섯 걸음 : 논술 쓰기 기초 … 85
04 글쓰기 고수 되는 스물일곱 걸음 : 논술 쓰기 실전 … 88
05 글쓰기 고수 되는 스물여덟 걸음 : 나는 찬성한다 VS 반대한다 … 96
06 글쓰기 고수 되는 스물아홉 걸음 : 포스트잇으로 논술 쓰기 … 104

6장
고쳐쓰기로 독후감 고수 되기

01 글쓰기 고수 되는 서른 걸음 : 세종대왕도 독후감을 썼다고요? … 110
02 글쓰기 고수 되는 서른한 걸음 : 독후감에 꼭 들어가야 할 6가지 키워드 1 … 112
03 글쓰기 고수 되는 서른두 걸음 : 독후감에 꼭 들어가야 할 6가지 키워드 2 … 114
04 글쓰기 고수 되는 서른세 걸음 : 독후감도 고쳐 써야 한다 … 116
05 글쓰기 고수 되는 서른네 걸음 : 황금문장을 찾아라 … 127
06 글쓰기 고수 되는 서른다섯 걸음 : 내가 만약 기자가 된다면 … 129
07 글쓰기 고수 되는 서른여섯 걸음 : 책과 친구가 되는 독서나무 만들기 … 131
08 글쓰기 고수 되는 서른일곱 걸음 : 라면 글쓰기 … 133
09 글쓰기 고수 되는 서른여덟 걸음 : 스토리를 들려주는 서사 글쓰기 … 135

부록
선생님 고민 있어요

01 글씨가 너무 엉망이어서 걱정이에요 … 140
02 아이 글을 어떻게 봐 줘야 하나요? … 146

맺음말 꾸준함은 탁월함을 만든다 … 151

1장

글쓰기
왕초보 탈출하기

01 선생님, 글쓰기 잘하면 뭐가 좋아요?

예꼬작 어린이 여러분, 안녕하세요. 예꼬작 어린이들에게 글쓰기를 가르쳐 줄 김성효 선생님입니다. 선생님은 이번 책에서 우리 예꼬작 어린이들에게 재미있는 글쓰기의 세계를 보여 줄 거예요. 글쓰기는 원리를 정확하게 알면 누구나 쉽게 쓸 수 있고, 한 걸음 더 나아가 작가가 될 수도 있어요.

여러분은 혹시 글쓰기를 배워 본 적이 있나요? 대한민국 많은 어린이가 글쓰기를 학원이나 학습지로 시작해요. 학원이나 학습지, 듣기만 해도 벌써 지루하고 재미없다고요? 맞아요. 글쓰기를 매일 해야 하는 숙제나 공부처럼 생각하면 정말로 힘들고 지루하답니다.

선생님은 글쓰기를 가르치는 선생님이고, 또 직접 책을 쓰기도 하는 작가입니다. '천년손이' 시리즈를 비롯해서 많은 책을 써 왔어요. 선생님이 책을 써 오면서 예꼬작 어린이들을 가르쳐 왔는데, 다른 예꼬작 어린이들도 글쓰기를 잘하면 과연 무엇이 좋을까, 어렴풋이 짐작만 하더라고요.

그러게요. 글쓰기를 하면 과연 뭐가 좋을까요? 뭔가 확실하게 좋은 게 있어야 할 텐데 말이에요. 그렇지요?

선생님이 생각하는 글쓰기는 정말 눈에 띄는 몇 가지 장점이 있어요.

첫째, 공부가 쉬워져요.

실제로 선생님이 가르쳤던 예꼬작 어린이들이 예꼬작 수업 이후에 공부를 더 잘하게 됐다는 놀라운 소식을 부모님들이 전해 주곤 했어요. 설마 글쓰기를 열심히 한다고 공부도 잘하게 된다고? 에이, 거짓말, 혹시 이렇게 생각했나요?

그런데 정말 그래요. 글을 쓸 때는 생각을 많이 해야 하거든요. 그래야만 더 좋은 글을 쓸 수 있고, 안 좋은 글을 잘 다듬어서 좋은 글로 만들어 낼 수 있어요. 이 과정에서 눈에 보이진 않지만 생각하는 힘이 길러져요. 정말 자연스럽게 말이에요. 이건 학원에 가서 돈 주고 살 수 있는 게 결코 아니에요. 글을 쓰는 과정에서 나도 모르게 시나브로 천천히 길러지는 것이에요. 참 신기하지요?

생각하는 힘은 학자들이나 전문가들이 입을 모아 중요하다고 손꼽는 능력 중 하나예요. 이걸 어려운 말로 비인지적 능력이라고 해요. 비인지적 능력의 반대말은 인지적 능력이에요. 이건 여러분도 잘 아는 능력이에요. 시험 보고 성적 매길 때 눈에 보이는 그 점수 있지요? 그게 바로 인지적 능력이에요.

반면 비인지적 능력은 눈에 안 보여요. 끝까지 참고 견디는 힘, 잘할 수 있다고 스스로 믿고 한 번 더 용기를 내는 힘, 깊이 생각하고 관찰하는 힘, 이런 건 눈에 안 보이잖아요. 이런 까닭에 지금까지는 인지적 능력이 중요하다고 생각하는 사람이 드물었어요.

학자들은 공부를 잘하게 만들어 주는 힘이 비인지적 능력에서 시작된다고 말해요. 인지적 능력은 눈에 보이는 점수를 잘 얻는 능력이지만, 비인지적 능력은 눈에는 안 보이지만 점수를 높여 주는 진짜 힘이라고 하니, 글쓰기가 길러 주는 이 생각하는 힘에 우리도 관심을 기울여야겠지요.

👣 둘째, 다른 사람이 쓴 글을 이해하고 내 것으로 만드는 힘이 길러져요.

여러분은 이 세상에서 잘 살아가기 위해서 아주 기초적이고 기본적인 지식을 학교에서 배워요. 모든 학생이 교과서를 통해 차근차근 단계를 거쳐서 이런 지식들을 하나씩 배워 가요. 이런 걸 교육과정이라고 하는데, 이 교육과정은 글로 표현돼 있어요.

글을 쓰는 사람은 글을 읽는 사람보다 훨씬 많은 걸 이해하고 내 것으로 만드는 것에 익숙해요. 선생님도 그렇고 여러분도 그래요. 글을 쓴다는 것은 생각을 나만의 방식으로 표현해 보는 걸 말하거든요. 그래서 잘 읽고 잘 쓸 수만 있다면 공부가 더 쉬워지고 재미있어질 수밖에 없어요.

이걸 집 짓는 걸로 표현한다면 기초공사를 아주 튼튼히 하는 것이라고 할 수 있어요. 서울에 있는 롯데타워 같은 빌딩은 아주 높고 커요. 이런 높은 건물일수록 기초 공사를 하는 시간이 오래 걸려요. 건물을 높이 세우려면 건물을 세울 땅을 오랜 기간 잘 다지고 튼튼하게 만드는 과정이 필요하기 때문이에요.

글쓰기가 딱 그래요. 우리가 세상의 많은 지식을 이해하고 내 것으로 만들기 위한 기초공사를 하는 것이에요. 두고두고 땅을 다지고 튼튼하게 기초공사를 하듯이 여러분의 머리를 잘 이해하고 잘 표현하도록 도와준답니다.

🦶 셋째, 내 생각을 더 잘 표현할 수 있게 돼요.

글을 써 본 어린이와 그렇지 않은 어린이를 만나면 가장 눈에 띄게 차이 나는 게 있어요. 생각을 잘 표현하느냐, 그렇지 못하느냐예요.

여러분도 잘 알겠지만, 교실에는 수많은 친구가 함께 있어요. 교실에서는 많은 친구가 함께 있는 만큼 온갖 사건과 사고가 벌어져요. 이 많은 친구 속에서도 유난히 친구들과 잘 지내고 관계를 잘 맺는 어린이들이 있어요. 자기 생각을 부드럽게 잘 표현하는 어린이들이죠.

누가 내 어깨를 치고 갔다고 가정해 볼게요.

'어, 뭐야, 저 친구는 지난번에도 나랑 부딪쳤던 친구잖아. 벌써 두 번째네.'

라고 생각했어요. 이때 이렇게 말하는 친구가 있어요.

"야, 너 지금 내 어깨 쳤냐. 미안하다고 안 할래? 죽을래?"

어때요? 생각만 해도 벌써 불쾌해지지요? 어쩌면 선생님한테 불려 가서 한바탕 잔소리 들을 각오를 해야 할지도 몰라요. 그럼 이런 친구는 어떨까요?

"친구야, 우리 방금 어깨 부딪쳤잖아? 혹시 아팠다면 미안해. 앞으로는 나도 부딪치지 않도록 조심할 테니까 너도 조심해 줄래?"

어떤가요? 똑같은 이야기를 하고 있는데도 느낌이 전혀 다르지요? 복도에서 부딪치는 경우는 보통 나에게도, 친구에게도 똑같이 책임이 있을 때가 많아요. 내 책임을 인정하고 앞으로 조심해 달라고 친구에게 말하는 것과 화를 내면서 소리치는 것은 느낌이 달라요.

물론 일부러 나를 귀찮게 하는 친구도 마찬가지예요. 이런 친구를 대할 때도 몇 번이고 속으로만 삭이다가 더 참지 못하고 화가 터지는 경우는 그렇지 않은 경우보다 더 크게 화를 내고 소리치게 돼요. 그동안 억눌러 왔던 만큼 말이에요. 하지만 평소에 내 기분을 정확하지만 부드럽게 표현해 왔다면 특별히 노력하지 않아도 이미 하고 싶은 말이 입에서 줄줄 나올 거예요.

글을 꾸준히 쓰는 어린이는 자신이 해야 할 말을 조리 있게 좀 더 잘 표현할 수 있어요. 내가 하고 싶은 말을 부드럽게 잘 표현할 수 있으면 여러분이 교실에서 부딪치게 되는 다양한 상황에서 조금 더 편안하고 당당해질 수 있을 거예요.

넷째, 더 많이 생각하고 고민하면서 살게 해 줘요.

그게 뭐가 좋냐고요? 이건 너무나 중요한 거예요. 사람에게는 자신을 돌아볼 수 있다는 매우 독특한 힘이 있어요. 이걸 생각이라고 해요. 내가 무슨 생각을 하고 있다는 걸 알아차리고, 그 생각을 멈추거나 더하거나 할 수 있는 건 지구상에서 유일하게 인간만 할 수 있는 일이에요.

특히 생각 중에서도 자신이 한 행동과 말에 대해서 반성하고 돌아볼 수 있는 건 아무나 할 수 있는 게 아니에요. 그건 정말로 훌륭한 사람만 할 수 있어요. 모든 위인이 많은 책을 읽고 꾸준히 글을 썼던 것도 그래서예요. 읽고 쓰는 건 나를 발전시키고 삶을 탄탄하고 멋지게 가꿔 가는 힘을 만들어 주거든요. 더 나은 삶을 살아갈 수 있도록 우리를 이끌어 주지요. 선생님은 그래서 다른 선생님들에게도 함께 글을 쓰자고 많이 이야기해요.

게다가 글쓰기는 혼자서 작은 공간에서도 할 수 있고, 연필과 종이가 있다면 언제든 할 수 있어요. 글쓰기는 공부를 잘하게 만들어 주는 가장 탁월한 방법인데, 돈도 안 들고 공간도 필요 없고 준비물도 없어요.

어떤가요? 이만하면 글쓰기에 장점이 꽤 많지요?

솔직히 말하면 선생님은 장점만 있고 단점은 없는 게 글쓰기라고 생각해요. 글쓰기 고수이자 글쓰기 수업의 최강자가 말해 주는 진짜 글쓰기, 이제 좀 궁금한가요?

예꼬작 여러분, 우리 같이 이 책을 끝까지 잘 써먹어 봐요.

이 책에는 다른 예꼬작 어린이들이 쓴 글쓰기가 많이 나와요. 책에 나오는 다양한 글쓰기에 도전하다 보면 자연스럽게 여러분도 예꼬작 어린이들처럼 전국 글쓰기 대회에서 상을 받고, 글쓰기에 자신감이 생기는 놀라운 변화를 마주할 수 있을 거예요. 선생님이 약속할 수 있어요. 이미 예꼬작 어린이들이 증명해 냈으니까요.

그럼, 함께 글쓰기 하러 가 봐요.

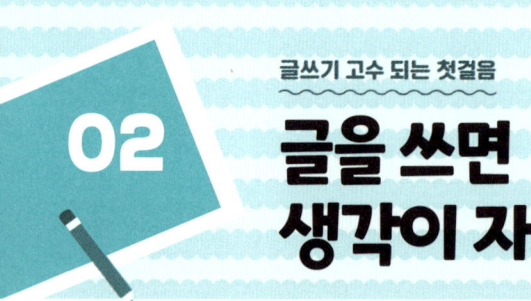

02 글을 쓰면 생각이 자라요

글쓰기 고수 되는 첫걸음

👣 **글쓰기를 하면 공부가 쉬워집니다.**

공부는 읽고 쓰고 셈하고 말하는 것을 기본으로 해서 쌓여 가는 것이에요. 공부를 잘하기 위해서는 이 읽고 쓰고 셈하고 하는 것에 익숙해지고 편해져야 해요. 글쓰기가 바로 이 생각하는 힘을 길러 주는 최고의 도구예요.

👣 **글쓰기를 하면 다른 사람이 쓴 글을 이해하고 내 것으로 만드는 힘이 길러져요.**

교과서는 우리가 꼭 배워야 하고 알아야 할 지식들을 글로 표현해 놓은 것이에요. 글을 꾸준히 쓰면 이런 지식을 이해하는 힘이 저절로 길러져요.

👣 **글쓰기를 하면 내 생각을 더 잘 표현할 수 있게 돼요.**

상대방에게 내 생각을 바르고 부드럽게 표현할 수 있는 힘이 생겨요. 이건 아무나 가질 수 없는 정말로 대단한 힘이지요.

👣 **글쓰기를 하면 더 많이 생각하고 고민하면서 살게 해 줘요.**

세상의 수많은 위인이 읽고 쓰고 하면서 자신의 삶을 위대하게 만들어 갔답니다.

글쓰기 고수 되는 두 걸음

글쓰기
이렇게 하면 안 돼요

🦶 쓰다가 포기하기

글쓰기는 힘들어도 꼭 끝까지 써야 해요. 선생님은 이걸 '점 찍는 글쓰기'라고 불러요. 마지막 문장에 온점을 찍어야 글이 끝나거든요. 조금 써 놓고 힘들다고 포기해 버리면 글이 안 늘어요. 예꼬작 어린이라면 꼭 끝까지 마무리하기로 약속해요.

🦶 연습장에 쓰기

선생님은 원고지에 글쓰기를 하라고 해요. 글쓰기를 제대로 배워 본 적이 없는 어린이들은 평소에 글을 어느 정도 분량으로 써 왔는지 잘 모르거든요. 이 분량을 정확하게 확인하고 더 열심히 쓰도록 만들어 주는 게 원고지예요. 원고지를 이용하지 않고 생각나는 대로 연습장 여기저기에 써 버리면 작품이 아닌 낙서가 된답니다.

🦶 매일 쓰기

으으응? 매일 쓰지 말라고? 네, 맞아요. 매일 쓰지 마세요. 선생님은 매일 억지로 새로운 글을 쓰는 것이야말로 글쓰기가 늘지 않는 가장 심각한 원인이라고 생각해요. 그럼 어떻게 해야 할까요? 고쳐쓰기를 해야 해요. 글은 사실 스스로 고쳐 가면서 다시 쓰고, 또 다시 쓰고, 하면서 늘어요. 이 책에서는 글쓰기 실력이 커지는 고쳐쓰기 방법을 알려 줄 거예요.

🦶 대충 쓰기

글을 잘 쓰는 어린이와 그렇지 않은 어린이의 차이는 딱 하나예요. 대충 쓰냐, 아니냐예요. 선생님은 예꼬작 어린이들이 제대로 글을 잘 써 내길 기대해요. 대충 글을 쓰는 것도 습관이라서 그렇게 써 온 어린이들은 그 습관을 잘 못 버려요.

예꼬작 어린이들은 제대로, 끝까지, 힘내서 함께 잘 써 봐요. 그러려면 어떻게 해야 할까요? 선생님이 이 책에서 말해 주는 것처럼 어떤 부분을 어떻게 고쳐야 할지 찾아보고, 그 부분을 자세하게 써 내는 것이에요.

목적 없이 쓰기

달리기를 할 때도 어디까지 달리겠다는 목표가 있을 거예요. 글쓰기에도 목표가 있어야 해요. 아무 목표 없이 쓰면 글쓰기가 쉽게 지겨워진답니다. 선생님처럼 작가가 되겠다, 글쓰기 대회에서 상을 받겠다, 글쓰기에 재미를 붙이겠다 같은 목표를 만들어 보세요.

 **나도 작가가 될래요.**

나는 왜 글쓰기를 하려는지 여러분의 생각을 적어 보세요.

…▶

…▶

…▶

200자 원고지 쓰기 1

원고지는 스무 칸이 한 줄이에요. 200자 원고지라는 말을 들어봤을 거예요. 200자 원고지는 이런 스무 칸짜리가 열 줄이 있는 걸 말해요. 원고지에 글을 써 보면 내가 얼마나 많이 글을 쓰는지, 글쓰기가 얼마나 늘었는지 한눈에 알 수 있어요.

한 어린이가 이렇게 말했어요.

"처음엔 원고지 3장을 쓰다가 예꼬작 수업을 하고 나서 원고지 5장을 쓰게 됐다."

어때요? 이 말로 원고지 1장이 200자니까 600자 쓰던 어린이가 1,000자를 쓰게 됐다는 걸 알 수 있지요?

원고지는 띄어쓰기나 맞춤법을 연습할 때도 좋아요. 글을 쓸 때는 가장 기본이 되어 주는 게 문장 쓰기인데, 이 문장은 문장부호가 있어야만 끝이 났다고 할 수 있어요.

여러분도 잘 아는 느낌표, 물음표, 쉼표, 온점이 모두 문장 끝에 쓰는 문장부호예요. 이 문장부호를 써 주는 거예요. 문장을 연습하기엔 원고지가 평범한 줄공책보다 더 쉬워요. 줄공책에 쓰면 글을 쓰고 있는 여러분의 눈에도 문장부호가 잘 안 보이거든요.

원고지에 글을 쓰면 여러 가지로 좋지만, 처음에는 어떻게 써야 하는지 잘 몰라서 헷갈릴 수 있어요. 기본적인 원고지 쓰기 방법을 살펴볼게요.

① 첫 줄은 비웁니다.

글의 종류, 제목, 학교와 학년반, 이름처럼 자신의 소속을 밝히는 내용을 쓰고 난 다음 본문이 여기에서부터 시작한다는 의미로 일부러 비워 주는 거예요.

② 두 번째 줄을 쓸 때 첫 칸은 비웁니다.

첫 칸을 비우는 것은 문단이 바뀐다는 뜻이에요. 앞으로 문단을 배울 때 다시 강조하겠지만,

	<	독	후	감	>										
							제	목	쓰	기					
							닥	락	궁	초	등	학	교		
							4	학	년		1	반			
							연	수	아						
❶															
❷	천	년	손	이	를		읽	었	다	❸	주	말	에		읽	다	가		너
무		재	미	있	어	서		월	요	일	에	도		학	교	에		가	져
가	서		읽	었	다	.	내	가		가	장		좋	아	하	는		건	❹
수	아	이	다	.	나	랑		이	름	이		같	아	서		특	히		마

문단을 나누면 글의 흐름이 달라진다는 뜻이에요. 원고지에 글을 쓸 때도 마찬가지예요. 읽는 사람에게 문단이 바뀜을 보여 주기 위해 일부러 한 칸을 비워 둬요.

③ 문장부호도 당당히 한 칸을 차지합니다.

문장부호는 온점(.), 쉼표(,), 느낌표(!), 물음표(?) 등이 있어요. 이런 문장부호는 당당하게 한 칸을 내어 주어야 해요. 특히 문장을 끝낼 때는 무조건 문장부호가 있어야 해요. 빼먹지 말고 꼭 써 주세요.

④ 띄어쓰기가 끝나는 건 그대로 비웁니다.

이 부분이 특히 헷갈리는데요. 문장을 그대로 원고지에 옮겨 쓰는 것이기 때문에 띄어쓰기가 이어지는 부분이라면 고민하지 말고 그대로 띄어서 쓰면 돼요.

글쓰기 고수 되는 네 걸음

원고지를 쓸 때 헷갈린다고 말하는 어린이가 많아요. 하지만 원리만 알면 어렵지 않아요.

|수|아|는| |나|랑| |이|름|도| |같|지|만|,|특|히| |성|격| |
|이| |씩|씩|하|고| |용|감|하|기| |때|문|이|다|.|처|음|에|✓|
책	에	서		읽	을		땐		이	런		생	각	을		했	다	.			
⑤	'	와	,		수	아	는		정	말		씩	씩	하	구	나	.	'		
⑥	내	가		위	험	에		빠	져	도		나	도		수	아	처	럼	
용	감	하	게		행	동	할		수		있	을	까		나	는		여	러	✓
번		생	각	했	다	.	천	년	손	이	와		수	아	가		대	화	를	✓
하	는		것	도		되	게		재	미	있	다	.							
⑦	"	수	아	야	,	위	험	한		건		하	지		않	아	야	지	.
	어	찌		너	는		위	험	한		건		그	렇	게		좋	아	하

⑤ 작은 따옴표든 큰 따옴표든 문장부호는 한 칸을 차지합니다.

⑥ 작은 따옴표를 다 쓰고 나면 그 다음은 한 칸을 비웁니다.
작은 따옴표에 들어가는 생각하는 문장을 다 썼으면, 그 다음 문장은 새로운 줄에서 시작해 줘야 합니다. 이때 한 칸을 비워서 새로운 문장이 시작된다는 걸 보여 줍니다.

⑦ 큰 따옴표 문장도 첫 칸을 비웁니다.
큰 따옴표를 쓰는 문장은 첫 칸을 비워 줍니다. 보통 동화나 소설을 쓰는 작가들은 따옴표를

넣어서 글쓰기를 아주 많이 합니다. 따옴표로 시작하는 문장을 쓴다는 것은 새로운 문단을 쓰는 것과 똑같습니다. 첫 칸을 비워서 대화가 시작된다는 걸 보여 줍니다.

 **나도 작가가 될래요.**

원고지를 쓸 때 가장 헷갈리는 부분은 무엇인가요?

···▶

···▶

···▶

글쓰기 고수 되는 다섯 걸음

06 200자 원고지 쓰기 이 정도면 나도 고수

충분히 연습했다면, 다음 문장을 원고지에 옮겨 보세요.

천년손이가 말했다.
"수아야, 우리 만년 얼음동굴이 녹아서 물이 흐르고 있어."
수아가 대답했다.
"어머, 오라버니. 어떻게 하면 좋지요?"
천년손이와 수아는 발을 동동 굴렀다.

2장

고쳐쓰기로
글쓰기 초보 탈출하기

글쓰기 고수 되는 여섯 걸음

01 고쳐쓰기 1

　선생님은 어린이들에게도 글쓰기를 가르치지만, 선생님들에게도 글쓰기를 가르쳐요. 그것도 한국에서만 글쓰기를 가르치는 게 아니에요. 다른 나라에서도 가르칩니다. 선생님은 해외에서도 강의를 많이 했어요. 해외에 살고 있는 한국 어린이들에게 한글을 가르치는 한글학교 선생님들에게 글쓰기 강의를 하러 멀고 먼 나라에 가는 일도 종종 있어요.

　저 멀리 바다 건너에 UAE란 나라가 있어요. 한국에서 비행기로 한참 날아가야 하는 먼 나라예요. 선생님은 작년에 UAE의 아부다비라는 도시에서 한글학교 선생님들에게 글쓰기를 강의했어요. 그때 선생님들이 입을 모아 말씀하시더라고요.

　"선생님, 선생님이 가르치시는 글쓰기는 여기 UAE에서 가르치는 글쓰기와 똑같아요. 여기선 같은 주제의 글을 몇 번이고 다시 쓰게 해요. 두 달도 좋고, 세 달도 좋고, 똑같은 글을 가지고 몇 번이나 고치고 또 고쳐요."

　"고쳐 쓴다고요?"

　"여기 아이들은 신데렐라를 주제로 글을 쓰는데, 그 간단한 이야기를 세 달을 쓴다니까요."

　대한민국에서의 글쓰기는 대부분 빨리, 더 많이 쓰기를 하는 경우가 많아요. 매일 독후감을 쓰고, 매일 논술을 쓰고, 매일 보고서를 쓰고, 매일 학습일지를 쓰고…. 아휴, 생각만 해도 숨가쁘지요.

　선생님은 그동안 직접 글을 쓰고, 또 글쓰기를 선생님들과 학생들에게 가르치면서 깨달은 게 있어요. 아이든 어른이든 진짜로 글이 느는 순간은 아무 때나 오는 게 아니더라고요. 많은 글을 열심히 쓴다고 해서 느는 것도 아니었어요.

　바로 글을 다시 고칠 때 글이 늘었습니다.

　외국에서는 왜 한 편의 글을 세 달 내내 고쳐 쓰게 할까요? 외국 아이들은 대한민국 아이들보다 할 일이 없고 심심해서 그럴까요? 왜 우리나라에서 하듯이 빨리 얼른 한 편 뚝딱 쓰고, 내일 또 한 편 쓰고, 모레도 쓰는 식으로 하지 않을까요? 생각하면 할수록 희한하죠.

사실은 그게 글을 잘 쓰게 하는 가장 좋은 방법이기 때문에 그렇습니다. 선생님은 우리나라 식의 글쓰기 말고 외국 식의 글쓰기를 하는 게 맞다고 생각해요. 선생님은 이 책에서 몇 번이고 고쳐 써야 한다고 강조하고 또 강조할 거예요.

선생님은 매일 독후감을 두 편씩 쓰는 초등학생을 만난 적이 있어요. 이 어린이가 글을 잘 썼을까요? 대부분 매일 두 편씩 글을 쓰니까 당연히 잘 쓸 거라 생각할 거예요. 하지만 실제로는 전혀 그렇지 않았어요. 엄마가 글쓰기는 좋은 거라고 글을 쓰라고 하니까 매일 독후감을 두 편씩 쓰긴 하지만, 매일 써야 하는 게 너무나 귀찮고 하기 싫다 보니 대충 아무렇게나 쓰고 끝, 하는 식이었어요. 물론 글도 전혀 늘지 않았고요. 매일 쓰고 또 쓰면 늘어야 할 텐데 말이에요.

만약 누가 이렇게 말했어요.

"앞으로 글을 더 잘 쓰고 싶다면 매일 독후감을 두 편씩 쓰세요."

선생님은 어떻게 대답할까요?

"어머, 그렇군요. 얼른 집에 가서 독후감 두 편을 매일 쓸게요."

아니요. 선생님은 분명히 웃으면서 되물을 거예요.

"하하하. 글 많이 안 써 보셨죠?"

예꼬작 여러분, 사실 어떤 작가도 글을 그렇게 마구 쓰지 않아요. 선생님은 책을 쓸 때 원고를 수도 없이 고치고 또 고쳐요. 이 과정에서 어떤 부분은 분량이 늘기도 하고, 어떤 부분은 과감히 버리기도 해요. 그러면서 점점 좋은 책이 되어 가지요. 책을 쓰는 작가라면 누구나 선생님처럼 글을 써요. 고치고 또 고치고, 고치고 또 고치는 식으로요.

선생님처럼 글을 전문으로 쓰는 작가도 그럴진대, 예꼬작 어린이 여러분은 더 말할 것도 없겠지요. 그동안 매일 독후감을 쓰고, 매일 일기를 쓰고, 매일 논술을 쓰면서도 글이 안 늘었다면 답은 하나예요. 방법이 틀렸다는 것. 이건 굉장히 중요한 거예요. 이제 과감하게 방법을 바꿔야 해요.

선생님은 예꼬작 여러분만큼은 천천히 제대로 쓰기를 바라요. 그러려면 매일 글 쓰는 것 말고, 한 편의 글을 잘 다듬어서 천천히, 제대로 된 글을 1주일 또는 2주일 동안 쓰면 좋겠어요.

그럼 어떻게 해서 글을 고치는지 살펴볼게요.

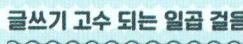

고쳐쓰기 2

예꼬작 여러분, 그 누구도 하루아침에 글을 잘 쓰게 되진 않아요. 만약 그랬으면 세상에 그렇게 많은 글쓰기 책은 없었겠죠.

글을 쓸 때는 몇 가지만 확실하게 알아 두면 돼요.

문장은 짧게 쓴다.
내용은 논리적이어야 한다.

이게 무슨 말이냐고요?
예를 들어 볼게요.

슈퍼맨이 하늘을 날았다. 재밌었다.

엥? 뜬금없죠. 왜 하늘을 날았지? 슈퍼맨은 뭐 하는 사람인데? 이런 궁금증이 저절로 들지 않나요? 하늘을 날면 어떤 기분이지? 어느 동네에서 날았을까? 이 글에서는 우리가 궁금해 하는 것을 설명해 주었나요? 설명이 없어요.

맞아요. 이렇게 글을 쓰면 읽는 사람은 뭐야, 도대체 어쩌라는 거야, 라고 생각하게 돼요. 이런 걸 개연성이 떨어진다, 무슨 얘긴지 모르겠다, 논리적이지 못하다, 라고 말해요.

선생님이 책을 쓸 때는 어떨까요? 선생님 같은 전문 작가들은 그렇게 쓰지 않아요. 작가들은 슈퍼맨이 뭐 하는 사람인지, 어쩌다가 하늘을 날게 됐는지, 하늘을 날면서 무슨 일을 하려는 건지, 모두 써 줘요. 그렇지 않으면 읽는 사람이 제멋대로 상상해 버리거든요.

슈퍼맨은 옆구리에 어제 읽다가 만 책 한 권을 끼고 있었다. 슈퍼맨은 파란 쫄쫄이 의상을 가만히 내려다보았다. 까끌까끌한 의상 표면에 닿는 햇빛이 눈이 부셨다.
"음, 오늘도 날이 좋은데? 그래. 하늘에서 어제 읽다 만 책을 마저 읽어야겠군."
슈퍼맨은 발에 힘을 콱 주고 하늘로 날아올랐다. 퍽, 하는 가벼운 소리가 발끝에서 들렸다. 슈퍼맨은 지붕 위를 지나서, 마을 위를 빙빙 맴돌다가 날아오는 산비둘기랑 하마터면 부딪칠 뻔했다.
"꾸우우우, 꾸우우우…."
슈퍼맨이 왜 하필 거길 날고 있는 것인지 야단하는 것처럼 비둘기는 짧게 울었다. 슈퍼맨은 피식 웃었다. 그래도 상관없다. 하늘을 난다는 건 꽤 멋진 일이기 때문이다. 하늘을 난다는 건 곧 불어오는 바람을 가른다는 것이고, 하늘에서 누워서 책을 볼 수 있다는 것이고, 남들과 달라도 많이 다르다는 뜻이니까 말이다.

자, 어떤가요. 많이 다르지요?

네, 맞아요. 선생님은 슈퍼맨이 **왜** 하늘을 날았는지(책을 읽으러), 하늘을 날다가 **무슨 일**이 생겼는지(비둘기랑 부딪쳤고), **어떤 기분**이 들었는지(그래도 기분이 좋다), **왜** 그런 기분이 들었는지(날아다닌다는 건 꽤 좋은 일이다) 자세하게 써 줬어요. 이게 바로 작가의 글쓰기예요.

작가들은 '기분이 좋았다면 왜 좋았지?', '기분이 갑자기 나빠졌다면 왜 나빠졌지?', '상황이 심각해졌다면 왜 심각해졌지?' 이런 식으로 왜 그런가에 대한 내용을 반드시 써 줍니다.

이게 바로 논리적이고, 개연성이 있는 글쓰기예요.

독후감을 예로 들어볼게요.

나는 『천년손이 고민해결사무소』가 재미있었다.

에엥? 어떤가요? 이 어린이가 왜 『천년손이 고민해결사무소』가 재미있었다고 생각하는지 글을 읽는 여러분은 그 이유를 알 수 있나요?

왜 재밌는데?

도대체 어떤 게 재밌었는데?
어쩌다가 그런 책을 읽게 됐는데?

이런 질문에 대한 설명이 있나요? 없어요. 다시 말하지만, 선생님은 이런 글을 대충 쓴 글이라고 해요. 우리가 글을 쓸 때 가장 경계하고 멀리해야 하는 식의 글이에요. 이런 글은 독자로서는 작가가 무슨 말을 하려는지 이해하기 어렵게 써 놨기 때문이에요.

작가는 독자가 어떤 상상을 해야 하는지 명확하게 그림 그리듯 설명해 주는 사람이에요. 이런 걸 얼마나 잘하느냐에 따라 좋은 글과 그렇지 않은 글이 나뉘는 것이고요.

똑같은 문장을 이렇게 바꿔 보면 어떨까요?

나는 『천년손이 고민해결사무소』가 재미있었다.
『천년손이 고민해결사무소』에는 신비한 등장인물도 많고, 우리나라 전설을 응용한 이야기가 많이 나오기 때문이다.

어때요? 고작 한 문장 덧붙였는데도 느낌이 또 다르지요? 적어도 아, 그래서 재밌었다고 말했구나, 이유를 알 수 있는 글이 됐어요.

글은 이렇게 작가가 얼마나 자세하게 설명해 주느냐에 따라 느낌이 전혀 다른 글이 돼요. 우리는 바로 이 자세하게 설명해 주는 글쓰기를 연습할 거예요.

모든 문장, 모든 이야기에는 논리적인 뒷받침을 해 줘야 해요. 살짝 귀찮게 느껴질 수 있어요. 하지만 그렇게 하지 않으면 독자가 제대로 작가의 의도를 이해하지 못하는 일이 생기기 때문에 꼭 그렇게 써 줘야만 해요.

더 구체적으로 말하면 이런 거예요.

왜 그렇게 됐는지, 어쩌다가 그렇게 됐는지, 그래서 뭐가 달라졌는지, 그 과정에서 주인공은 뭘 느꼈는지, 주인공의 느낌을 얼마나 자세하게 설명해 줬는지 등이에요.

이런 내용을 충분히 써 줘야 해요. 그래야만 읽는 사람이 작가의 마음을 깊이 이해할 수 있고, 아하, 그래서 이렇게 된 거구나, 하면서 공감하거든요.

으음? 어디서 이 부분 들어 본 것 같지 않나요? 맞아요. 방금 선생님이 설명한 것은 독자를 의식하는 글쓰기, 독자를 헤아리는 글쓰기라고도 해요. 나 혼자 보려고 마구 지어내는 글쓰기와 독자를 의식한 글쓰기는 목적이 달라요. 그렇기 때문에 독자를 의식하면서 쓰는 글쓰기가 그렇지 않은 글쓰기보다 훨씬 논리적이고 탄탄하고 설득력이 있어요.

선생님은 예작 선생님들이나 예꼬작 어린이들에게 항상 강조해요. 글쓰기는 설득이라고 말이에요. 글쓰기는 설득하는 거예요. 내 이야기에 빠져들어라, 빠져들어라, 주문을 거는 것과 똑같아요.

그래도 잘 이해가 안 된다고요? 그럼, 또 다른 예를 하나 들어볼게요.

① 지수야, 화장실에 같이 가 줄래? 오늘 비가 많이 와서 무서워. 네가 같이 가 주면 좀 덜 무서울 거 같아.
② 지수야, 화장실 같이 갈래?
③ 지수야, 화장실.
④ 화장실

여러분이라면 어떤 말에 응, 하고 대답해 줄 건가요? 당연히 ①번의 "지수야, 화장실에 같이 가 줄래? 오늘 비가 많이 와서 무서워. 네가 같이 가 주면 좀 덜 무서울 거 같아."라는 말에 "응." 하고 대답하지 않을까요? ③번처럼 "지수야, 화장실."이라고만 말하면 그래서 뭐, 화장실을 가자는 거야, 말자는 거야, 하지 않을까요?

②, ③, ④번처럼 이유를 충분히 설명해 주지 않는 게 지금까지의 글쓰기였어요. ①번처럼 하는 게 앞으로 우리가 배울 글쓰기고요.

①번의 말을 듣고 아, 같이 가 줄까, 하고 생각했다면 그게 말로 하는 설득이에요. 글쓰기는 말이 아니라 글로 독자를 설득하는 거예요. 지금 선생님의 이 책을 읽으면서 아아, 그렇구나, 라고 생각했다면 맞아요, 그게 바로 선생님이 글로 여러분을 설득한 거예요.

복잡하다고요? 아니요. 그렇지 않아요. 여러분은 딱 하나만 기억하면 돼요. 충분히 자세하게 설명해 주지 않으면 상대방은 내 설득에 넘어가지 않는다는 것 말이에요. 독자는 작가의 설득에 호락호락 쉽게 넘어가 주지 않으니까, 열심히 써 봐야겠지요?

우리는 앞으로 글을 써서 독자를 내가 원하는 방향으로 재미있게 설득할 거예요. 그럼 어떤 말을 더 자세하게 써야 할지 하나하나 설명해 줄게요.

나도 작가가 될래요.

다음 글에서 어떤 내용이 빠졌는지 찾아보세요.

삼겹살을 먹었다. 맛있었다.

⋯▸

수학시험을 봤다. 어려웠다.

⋯▸

글쓰기 고수 되는 여덟 걸음

03 글을 고쳐 써야 하는 이유

👣 작가들은 독자들에게 이유를 충분하게 설명하는 글을 씁니다. 작가들은 독자가 '아, 그래서 그랬구나.'라고 이해할 수 있는 글을 써요. 재밌었다, 좋았다 등은 이유가 없는 문장이라 상대방을 설득하기 어려워요.

👣 글로 독자를 설득해야 해요. 이유도 설명해 주고, 자세하게 말해 줘야 해요. 이 부분은 앞으로 함께 계속해서 연습해 봐요.

👣 작가들은 한 번에 글을 완성하려 하지 않습니다. 작가라면 누구나 수도 없이 고치고 또 고치는 지루하고 재미없는 과정을 마다하지 않아요. 선생님도 그래요. 좋은 책 한 권을 쓰기 위해서 수많은 날을 이미 다 써 놓은 글을 고치고 또 고치고 한답니다. 여러분이 썼던 글 가운데 마음에 안 들어서 고치고 싶었던 글이 있었나요? 어떤 글이었는지 설명해 볼까요?

글쓰기 고수 되는 아홉 걸음

04 어떤 문장이 좋은 문장일까?

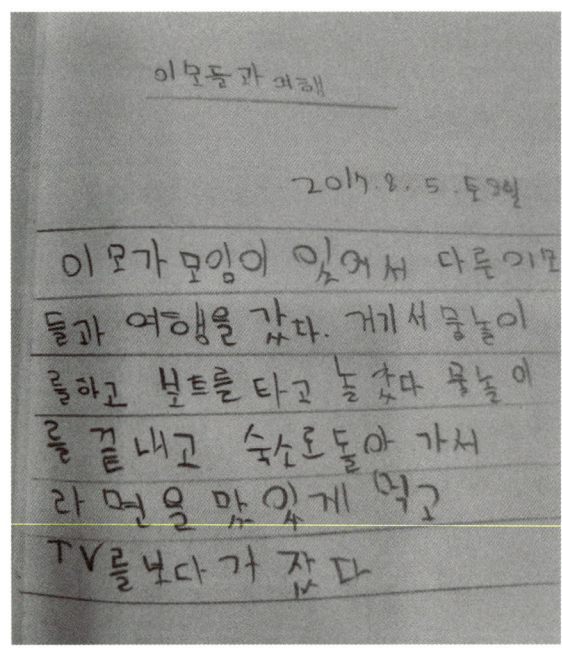

3학년 어린이가 쓴 글이에요. 글쓰기를 따로 배우거나 하지 않은 평범한 어린이의 글이에요. 여러분에겐 어떤 것이 눈에 띠나요. 선생님 눈에는 몇 가지 특징이 보여요.

첫째, 문장부호가 없어요.

문장이 끝나는 곳에서 온점을 제대로 찍지 않았어요. 앞에서 설명했듯이 문장부호는 문장이 끝난다는 걸 알려 주는 거예요. 글에서는 문장이 가장 기본이 되어 주는 최소한의 단위예요. 문장이 끝나느냐, 안 끝나느냐 하는 것은 글쓰기에서 몹시 중요해요. 문장부호를 써서 문장이 끝났다는 표시를 꼭 해 줘야 하는데, 이 어린이는 안 했어요.

👣 둘째, 문장이 지나치게 길어요.

첫 번째 문장은 '이모가 모임이 있어서 다른 이모들과 여행을 갔다.'이고 두 번째 문장은 '거기서 물놀이를 하고 보트를 타고 놀았다.'입니다. 이어서 세 번째 문장은 '물놀이를 끝내고 숙소로 돌아가서 라면을 맛있게 먹고 TV를 보다가 잤다.'예요. 헉헉, 숨차지 않아요? 선생님은 이런 글을 읽으면 숨이 차요. 한 호흡에 쭉 읽기 어렵거든요.

게다가 이렇게 문장을 길게 쓰면 독자는 작가가 무슨 말을 하려는지 정확하게 이해하지 못해요. 책을 전문적으로 쓰는 작가들은 문장을 일부러 짧게 써요. 선생님도 그렇고요. 선생님은 예꼬작 어린이들이나 예작 선생님들에게 항상 강조해요. 문장은 무조건 짧게 써야 해요, 라고요.

문장 하나에는 주어 하나, 술어 하나가 들어가는 게 좋아요. 이걸 잘 지키면 잘 지킬수록 글이 술술 읽히게 돼요. 이건 연습 문제에서 함께 연습해 봐요.

👣 셋째, 어떤 일이 있었는지 자세하게 말해 주지 않았어요.

이 글만 읽어서는 작가가 바다에 가서 보트를 타고 물놀이를 한 것인지, 계곡에 가서 보트를 타고 물놀이를 한 것인지 알 수가 없어요. 보트가 큰 것인지, 작은 것인지도 알 수가 없고요. 물놀이도 첨벙첨벙 물장구를 쳤는지, 다이빙을 했는지, 잡기 놀이를 했는지 말해 주지 않았어요. 세상에는 얼마나 많은 물놀이가 있는데 말이에요. 그 재미나고 즐거운 물놀이를 좀 더 자세하게 써 줬다면 어땠을까요? 글을 읽는 우리도 마치 물놀이를 하는 것처럼 신났을 거예요.

이 부분을 충분히 설명하지 않고, 대충 쓰면 독자는 아무렇게나 상상하게 돼요. 작가는 자신이 원하는 바로 그것을 독자가 정확하게 상상할 수 있도록 명확하게 안내해야 해요.

이 글을 선생님이 썼다면 어땠을까요? 선생님이라면 분명 이런 식으로 안 썼을 거예요.

> 다른 이모는 구체적으로 누구인지,
> 그 이모가 나랑 친한지 안 친한지,
> 여행을 바다로 갔는지, 호수로 갔는지,
> 타고 놀았다는 보트는 과연 무슨 색이었는지,

물놀이를 하러 보트에 올랐을 때 기분이 어땠는지,

물놀이를 하고 나서 배가 고팠는지,

물놀이하면서 살이 새카맣게 타진 않았는지

이런 걸 다 써 줬을 거예요. 그게 작가의 글쓰기거든요. 이제 어렴풋이 감이 오지요? 이 부분을 명확하게 이해해야 해요. 이걸 잘 이해할 수만 있다면 작가의 글쓰기에 성큼 다가서는 것이에요.

아참, 이 글은 모두 원고지에 써야 하는 것 알고 있지요? 예꼬작 지윤이(3학년)는 원고지에 쓰는 것을 이렇게 말했답니다.

"엄마, 원고지를 써 보는 일이 이렇게 재미있을 줄 몰랐어!"
"왜?"
"연필로 사각 사각 써지는 소리가 몸속으로 들어왔다 나갔다가 하는 것 같아. 느낌이 좋아. 그리고 칸이 커서 글씨를 예쁘게 쓰는 것도 마음에 보물이 쌓이는 것 같아."

지윤이의 엄마는 지윤이가 글을 다시 고치고 마지막 부분을 쓰면서 한 말이 마법처럼 들렸다고 해요.

글쓰기 고수 되는 열 걸음

문장 짧게 쓰기

문장에는 단문이란 게 있고, 복문이란 게 있어요. 단문은 짧은 문장, 말 그대로 문장 하나 안에 주인공이 되는 주어가 한 개, 주어가 무슨 일을 했는지 설명해 주는 술어가 한 개 들어가는 문장을 말해요.

예를 들면 이런 것이 단문이에요.

> 짱구가 밥을 먹었다.
> 짱구가 흰둥이에게 먹이를 줬다.

복문은 한 문장 안에 단문이 여러 개 있는 걸 말해요.
예를 들면 이런 것이에요.

> 짱구가 밥을 먹다가 문득 생각나서 흰둥이에게 먹이를 주고 왔다.

이 문장을 세심하게 들여다볼게요.
누가 밥을 먹었나요?
맞아요. 짱구가 밥을 먹었어요. 이 문장의 주인공은 '짱구가'라는 말이에요. 이걸 '주인공인 말', 줄여서 '주어'라고 불러요.
주어인 짱구가 무슨 일을 했나요?
밥을 먹었어요.

어라, 그럼 이건 주인공이 무슨 일을 했는지 말해 주고 있네요. 이렇게 주어가 한 일을 설명해 주는 말을 술어라고 해요.

근데 문득 생각났대요.

누가? 당연히 짱구겠죠. 이건 문장에 드러나지 않았잖아요. 이렇게 주어지만 문장에서 드러나지 않고 숨어 있는 경우도 있어요. 여러분이 이해하기 쉽게 '숨은 주어'라고 할게요. 그렇다면 이 문장에서 '숨은 주어'인 짱구가 무슨 일을 했나요? 그래요. 문득 생각났어요. 이건 주어인 짱구가 한 행동을 설명해 주는 술어예요.

복잡하죠?

맞아요. 복문에서는 문장 하나에 주어와 술어가 여러 개 들어 있기 때문에 뜯어 놓고 볼수록 복잡하고 어려워요. 선생님은 동화책을 쓸 때 어지간하면 복문을 쓰지 않고 짧게 단문으로만 쓰려고 해요. 그래야 글이 술술 잘 읽히고, 어린이 독자들이 무슨 뜻인지 헷갈리지 않기 때문이에요.

다시 문장으로 돌아가 볼까요.

흰둥이에게 먹이를 준 건 누굴까요?

맞아요. 짱구예요. 마찬가지로 주어가 숨어 있어요. 숨은 주어인 짱구는 무슨 일을 했나요. 흰둥이에게 먹이를 주고 왔대요. 이건 짱구의 행동을 말하는 것이니 술어겠네요.

우리말은 굳이 주어를 일일이 말하지 않아도 돼요. 이 문장처럼 주어를 몰래 숨겨 놓아도 듣는 사람은 다 알아들어요. '아, 짱구가 흰둥이한테 먹이를 줬겠네.'라고요. 이게 한국어의 가장 큰 특징이에요.

영어에서는 안 그렇거든요. 무조건 주어와 동사가 각각 하나씩 있어야 해요. 안 그러면 문장을 아예 만들 수 없어요.

앗, 눈치챘나요?

방금 선생님은 주어를 하나 생략했어요.

안 그러면 (영어는) 문장을 아예 만들 수 없거든요.

어떤가요? 선생님이 이 문장에서 '영어는'이라는 주어를 생략했지만, 여러분은 선생님이 무슨 말을 하려는지 이해했을 거예요. '아, 영어는 그런 특징이 있겠네.'라고요. 주어를 생략하고도 이해할 수 있다는 것, 이게 한국어와 영어에서 가장 눈에 띄는 차이예요.

글을 쓸 때는 이 부분을 꼭 기억해야 해요. 우리가 한국어로 상대방과 말할 때는 주어를 생략해도 듣는 사람이 이해해요. 하지만 글은 달라요. 주어를 생략하고 대충 뭉뚱그리면 독자는 무슨 말을 하려는 건지 헷갈리면서 어려워해요.

처음 글을 쓸 땐 문장을 짧게 쓰는 연습을 많이 해 보는 게 좋아요. 우리가 평소 말하듯이 주어를 생략하면서 글을 쓰는 것보다는 영어식으로 주어 하나, 술어 하나를 연습해 주는 편이 훨씬 나아요. 그렇게 문장을 자꾸 짧게 쓰는 연습을 해야 읽는 사람이 술술 읽는 글을 쓸 수 있거든요.

 **나도 작가가 될래요.**

다음 문장에서 주어와 술어를 찾아보세요.

선생님이 수학 익힘책을 풀어 보라고 했다.

`주어`

`술어`

나는 집에서 유튜브를 봤다.

`주어`

`술어`

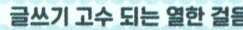

문장 바로 쓰기
이 정도면 나도 고수

문장 바로 쓰기에 대해서 열심히 공부하고 왔나요? 연습문제로 얼마나 열심히 공부했는지 살펴볼까요.

 연습문제

다음 문장을 주어와 술어가 하나씩 있는 단문으로 바꿔 보세요.

1. 호빵맨은 배가 부를 때까지 호빵을 먹었지만, 자꾸만 호빵을 더 먹고 싶었다.
   → 호빵맨은 배가 부를 때까지 호빵을 먹었다.
   → 호빵맨은 자꾸만 호빵을 더 먹고 싶었다.

2. 짱구는 유리랑 놀다가 철수를 부르러 가기로 했다.
   → 짱구는 유리랑 놀았다.
   → 짱구는 철수를 부르러 가기로 했다.

3. 나는 물놀이를 하다가 보트를 타고 놀았다.
   → 나는 물놀이를 했다.
   → 나는 보트를 타고 놀았다.

4. 우리 가족은 라면을 끓여 먹고 TV를 보다가 잤다.
   → 우리 가족은 라면을 끓여 먹었다.
   → 우리 가족은 TV를 보다가 잤다.

다음 주어와 술어가 하나씩 있는 단문을 복문으로 바꿔 보세요.

1 호빵맨은 호빵을 배가 부를 때까지 먹었다.
그렇지만 호빵맨은 호빵을 자꾸만 먹고 싶었다.
→ 호빵맨은 호빵을 배가 부를 때까지 먹었지만, 호빵을 자꾸만 먹고 싶었다.

2 나는 물놀이를 했다.
나는 보트를 타고 놀았다.
→ 나는 물놀이를 하고 보트를 타고 놀았다.

3 우리 가족은 물놀이를 신나게 했다.
우리 가족은 그다음에 숙소로 돌아왔다.
→ 우리 가족은 신나게 물놀이를 한 다음에 숙소로 돌아왔다.

똑같은 내용의 문장이지요? 단문과 복문 가운데 어떤 문장이 더 잘 읽히나요? 왜 그럴까요? 여러분의 생각을 써 보세요.

다음 글에 나오는 복문들을 모두 단문으로 바꾸어 보세요.

1 이모가 모임이 있어서 다른 이모들과 여행을 갔다.
거기서 물놀이를 하고 보트를 타고 놀았다.
물놀이를 끝내고 숙소로 돌아가서 라면을 맛있게 먹고 TV를 보다가 잤다.

2 선생님이 수학 시간에 지수한테 익힘책을 풀라고 했다.
지수가 "네." 하고 대답했다가 갑자기 "화장실 갔다 와도 돼요?"라고 질문했다.

3장

자세하게 고쳐쓰기로 글쓰기 고수 되기

글쓰기 고수 되는 열두 걸음

자세하게 쓰기

이제 본격적으로 자세하게 쓰기를 배워 볼게요. 앞에서 살펴보았던 '이모들과 여행'을 예꼬 작 어린이들이 어떻게 자세하게 고쳐서 다시 썼는지 자세히 알아볼게요.

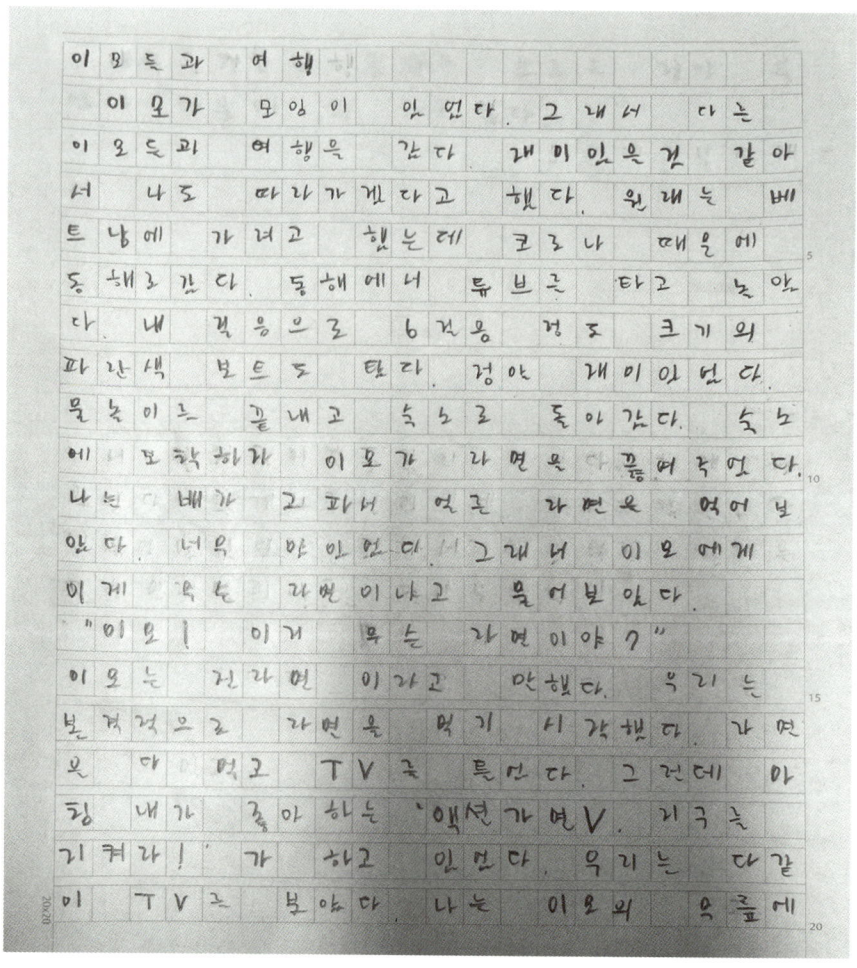

이 예꼬작 어린이 영진이(초4)도 여러분과 똑같은 평범한 어린이예요. 어떻게 고쳤는지 찬찬히 살펴보세요.

처음 글이에요.

> ### 이모들과 여행
>
> 이모가 모임이 있어서 다른 이모들과 여행을 갔다. 거기서 물놀이를 하고 보트를 타고 놀았다. 물놀이를 끝내고 숙소로 돌아가서 라면을 맛있게 먹고 TV를 보다가 잤다.

이렇게 고쳐서 썼어요.

> ### 이모들과 여행
>
> 이모가 모임이 있었다. 그래서 다른 이모들과 여행을 갔다. 재미있을 것 같아서 나도 따라가겠다고 했다. 원래는 베트남에 가려고 했는데, 코로나 때문에 동해로 갔다. 동해에서 튜브를 타고 놀았다. 내 걸음으로 6걸음 정도 크기의 파란색 보트도 탔다. 정말 재미있었다. 물놀이를 끝내고 숙소로 돌아갔다. 숙소에 도착하자 이모가 라면을 끓여 주었다. 나는 배가 고파서 얼른 라면을 먹어 보았다. 너무 맛있었다. 그래서 이모에게 이게 무슨 라면이냐고 물어보았다.
> "이모! 이거 무슨 라면이야?"
> 이모는 진라면이라고 말했다. 우리는 본격적으로 라면을 먹기 시작했다. 라면을 다 먹고 TV를 틀었다. 그런데 마침 내가 좋아하는 '액션가면 V, 지구를 지켜라!'가 하고 있었다. 우리는 다 같이 TV를 보았다. 나는 이모의 무릎에 기대어서 TV를 보다가 잠이 들었다. (423글자)

우와, 글이 정말 많이 길어졌네요. 선생님이 진하게 표시한 처음 글을 빼고는 모두 이 친구가 쓴 글이랍니다. 신기하지요? 선생님하고 예꼬작에서 글쓰기 수업을 딱 한 시간 한 다음 혼자서 쓴 글이에요.

과연 어떻게 고쳤는지 알아볼까요? 이 친구는 이런 고민을 하면서 다시 썼어요.

1 이모와 어디로 여행을 갔을까?
→ 이모와 동해로 여행을 갔다.

2 왜 그곳으로 갔을까?
→ 코로나 때문에 베트남 대신 동해로 가게 됐다.

3 무엇을 하고 놀았나?
→ 물놀이를 하고 보트를 탔다.

4 보트는 어떻게 생겼나?
→ 6걸음 정도 되는 크기의 파란색 보트였다.

5 숙소로 돌아가서 무엇을 했나?
→ 이모가 라면을 끓여 줘서 맛있게 먹었다.

6 라면은 어떤 라면이고, 어떤 맛이었나?
→ 진라면이고, 아주 맛있었다.

7 TV에서는 어떤 프로그램이 나왔나?
→ '액션가면 V, 지구를 지켜라!'가 나왔다.

8 TV를 본 사람은 누구였나?
→ 다 같이 TV를 보았다.

글쓰기 고수 되는 열세 걸음

02 육하원칙으로 질문하면서 글쓰기

언제, 어디에서, 누가, 무엇을, 어떻게, 왜 그런 일을 했는지 설명하는 것을 어려운 말로 육하원칙이라고 해요.

육하원칙은 국어 교과서에서도 다룰 정도로 매우 중요한 원칙이에요. 이 육하원칙만 잘 기억해도 글을 대충 쓰거나 얼렁뚱땅 중요한 내용을 빼먹고 글을 쓰는 일이 눈에 띄게 줄어들거든요.

이 육하원칙을 잘 지키는 것이 왜 중요한지 앞에서 보았던 글로 한 번 더 살펴볼게요.

> ### 이모들과 여행
> 이모가 모임이 있어서 다른 이모들과 여행을 갔다. 거기서 물놀이를 하고 보트를 타고 놀았다. 물놀이를 끝내고 숙소로 돌아가서 라면을 맛있게 먹고 TV를 보다가 잤다. (92자)

언제 여행을 갔을까요? 밤에? 낮에? 방학 때? 아니면 주말에? 이 글만 읽어서는 모르겠지요. 언제에 대한 정보를 빠뜨렸기 때문이에요.

어디로 여행을 갔을까요? 바다로 갔나? 산으로 갔나? 들로 갔나? 이 글만 읽어서는 역시 알 수 없어요. 어디로 갔는지에 대한 정보를 빼먹었기 때문이에요.

누가 여행을 갔을까요? 누가 여행을 갔는지도 자세하게 알 수 없어요. 이 부분을 자세하게 설명해 주지 않았기 때문이에요.

어떻게 여행을 갔을까요? 기차를 타고? 걸어서? 차를 타고? 이 글만 봐서는 어떻게 갔는지 알 수가 없어요. 이런 부분까지 모두 설명해 줘야 해요.

왜 여행을 갔을까요? 이모가 모임이 있었다는 말 말고 다른 설명은 해 주지 않았어요. 이 글을 읽어서는 **왜** 여행을 가게 됐는지 알 수가 없어요. 이모가 이제 여름 방학이 되었으니까, 시원한 바닷가로 여행을 가자는 이야기를 꺼내서 가게 된 걸까? 가족여행을 가기로 했기 때문에 여행을 가게 된 걸까? 역시 알 수가 없네요.

여행에서 **무엇**을 했을까요? 물놀이를 하고, 보트를 타고, 라면을 먹고, 잔 것 말고는 알 수가 없어요. 이런 부분까지 모두 챙겨서 자세하게 써 주면 더욱 재미있는 글이 될 텐데 말이에요.

글쓰기가 몹시도 복잡하고 어려운 것 같지만, 사실은 이 육하원칙만 잘 챙겨도 이런 부분을 모두 놓치지 않고 쓸 수 있어요. 선생님은 판타지 동화도 쓰고, 선생님이나 학부모님들이 읽는 책을 쓰기도 하는데, 두 분야의 책을 쓸 때도 똑같이 육하원칙을 챙기면서 글을 써요.

왜 그럴까요? 그렇지 않으면 독자가 작가의 의도를 잘 모르거나 이해하지 못하기 때문이에요. 여러분도 글을 쓸 때마다 항상 기억하세요. 아, 내가 육하원칙에서 빠뜨린 게 없나? 하고 돌아보면서 글을 써야 한다는 걸 말이에요.

육하원칙의 정보를 모두 챙겨서 꼼꼼하게 글을 썼다면 글이 훅 길어졌을 거예요. 글이 길어진다는 건 그만큼 자세하고 꼼꼼하게 썼다는 뜻이니까, 자신감 있게 다음 단계로 나아갈 수 있어요.

선생님이 이 장에서 설명한 육하원칙은 정말 중요하답니다. 신문 기사를 쓸 때도, 기행문을 쓸 때도, 독후감을 쓸 때도, 일기를 쓸 때도 이 육하원칙은 꼭 기억해야 해요. 헷갈리면 글을 쓰다가 멈추고 읽어 보세요. 육하원칙에서 빠뜨린 게 없나? 있다면 그 부분을 챙겨서 다시 써 주어야 해요.

간단히 정리해서 말해 볼게요. 자세하게 글을 쓰려면 육하원칙대로 써야 해요. 이 정보가 하나라도 빠지면 독자가 제멋대로 상상하게 된다는 점을 꼭 기억해야 해요. 글을 쓰고 나면 한 번 쭉 읽어 보세요. '앗, 언제에 대한 이야기를 안 했네.', '어, 왜에 대한 이야기를 빼 먹었네.'처럼 빠트린 것이 없는지 살펴보세요.

글쓰기 고수 되는 열네 걸음

두 번째 고쳐쓰기

글이 제법 길어졌으니까, 이제 끝?

아니요. 아직 멀었어요.

선생님은 적어도 세 번 이상 글을 고쳐야 한다고 말해 주고 싶어요. 그래야만 내가 하고 싶은 말을 충분히, 제대로, 멋지게 담아 낼 수 있거든요. 선생님도 판타지 동화 '천년손이' 시리즈를 쓸 때 원고를 다 쓴 다음에도 여섯 번 이상 교정을 봐요. 고치고, 또 고치고, 고치고 또 고치죠.

왜 굳이 다 쓴 글을 고칠까요? 선생님은 글쓰기가 그릇을 만드는 것과 같다고 생각하기 때문이에요.

글은 장인이 만드는 그릇과 똑같아요. 기계로 찍어 내는 그릇과 달리 장인이 직접 만드는 그릇은 한 번에 뚝딱 만들어 낼 수 없어요. 몇 번이고 흙을 주무르고 만지고 다듬고 해야만 그릇이 돼요. 장인은 처음엔 대충 그릇 모양을 잡지만, 물레를 돌리면서 몇 번이고 다듬어서 그릇을 만들거든요. 그러니까 앞으로는 글을 쓸 때도 마음속으로 '나는 지금 매끄럽고 예쁜 그릇을 만드는 거야.'라고 생각하면서 글을 고쳐 보세요.

같은 어린이가 쓴 글입니다. 이번에는 어떻게 고쳤는지 볼까요?

물놀이

(어디로?) 수빈이 이모와 동해지경 해변으로 여행을 가기로 했다. 그런데 수빈이 이모가 여행을 가기로 한 날에 갑자기 중요한 일이 생겨서 못 간다고 했다. 나는 너무 아쉬웠다. 그래서 방안에 틀어박혀 있었다. 그 모습을 본 엄마가 지은이 이모에게 연락을 해 보겠다고 했다. (왜?) 지은이 이모는 여행을 갈 수 있다고 했다.

나는 기분 좋게 어제 산 수영복을 입어 보았다. 그런데 너무 컸다. 그래서 나는 큰 맘 먹고 12만 원짜리 명품 수영복을 샀다. 나는 수영복을 빨아 두고 기분 좋게 잠이 들었다. 나는 여행 당일이 될 때까지 여행 갈 생각을 하며 별 다를 바 없는 나날을 보냈다.

(언제?) 드디어 여행 당일이 되었다. 나는 신나게 준비를 마치고 고속버스터미널에 갔다. 전용차선이 있는 고속버스를 타니 3시간밖에 안 걸렸다.

(무슨 일을 했을까?) 나는 준비운동을 하고 물에 뛰어들었다. 한참을 놀고 나서 크기가 3미터 정도 되는 빨간 색 2인 전용 보트를 타고 멀리까지 갔다 왔다. 정말 재미있었다. 그래서 한 번 더 타기로 했다. 그런데 너무 비싸서 그냥 스노클링을 했다. 지금 생각해 보니 스노클링도 보트 못지않게 재미있었다. 나는 마지막으로 바다에 첨벙 뛰어들었다. 정말 재미있었다. 다음에는 엄마, 아빠와 가고 싶다. (605자)

맨 처음 글은 93자, 첫 번째 고친 글은 420자, 두 번째 고친 글은 607자입니다. 점점 늘어나고 있지요. 두 번째 고친 글에서 과연 육하원칙을 잘 지켰는지 한 번 찾아볼까요?

선생님이 여러분이 찾기 쉽도록 굵은 글씨로 표시했어요.

언제 있었던 일인가?
→ 앗, 여행 당일이라는 것 말고는 언제 있었던 일인지 모르겠네요.

어디에서 있었던 일인가?
→ 동해 지경 해변으로 갔다고 했어요.

누구랑 있었던 일인가?
→ 수빈이 이모가 일이 생겨서 지은이 이모랑 가게 됐어요.

무엇을 했나?

→ 수영복을 샀어요.

→ 준비운동을 하고 물에 첨벙 뛰어들었어요.

→ 3미터 크기의 보트를 타고 왔다 갔다 했어요.

→ 스노클링도 했어요.

왜 이런 일을 했을까?

→ 수영복이 너무 커서 새 수영복을 사게 됐어요.

→ 바다에 가서 물에 뛰어들기 위해 준비운동을 했고, 그 다음 물에 뛰어들었어요.

→ 보트를 탔고, 스노클링도 했어요.

육하원칙의 정보들을 챙겨서 글을 쓰려고 노력했다는 것이 느껴지네요. 다만, 살짝 아쉬운 게 있다면 언제 있었던 일인지에 대한 설명이 빠져 있다는 것이에요. 이 부분도 다음에 고칠 땐 써 줘야겠지요.

이제 이 친구의 글에서 다시 고쳐야 할 부분을 찾아볼게요. 선생님이 이 글을 지도했던 질문들이에요.

성효샘 질문 ①
12만 원짜리 수영복을 샀다고 했는데, 어떤 수영복인지 글만 봐서는 잘 모르겠네요. 어떻게 생긴 수영복일까요? 무슨 색깔일까요? 어떤 브랜드의 것이었을까요?

성효샘 질문 ②
여행 당일이 되었을 때 내 기분은 어땠을까요? 콧노래가 저절로 나오지 않았을까요? 기분이 어땠는지도 써 주세요.

성효샘 질문 ③
보트를 타고 어딘가를 갔다 왔다고 했는데, 도대체 어딜 다녀왔을까요? 부표가 있었을까요? 아니면 어림짐작해서 다녀왔을까요? 어디를 어떻게 다녀왔는지 써 주면 어떨까요?

성효샘 질문 ④
스노클링을 실제로 해 보았나요? 어떤 느낌인가요? 스노클링을 하면 무엇이 보일까요? 바다에서 본 것들이 무엇이었을지 자세하게 써 보세요.

고쳐쓰기 위해 스스로 질문하기

선생님은 예꼬작 친구가 쓴 글을 읽으면서 고쳐야 할 부분을 찾아서 질문을 던져 주었어요. 여러분도 고쳐야 할 부분을 샅샅이 찾아보세요. 고칠 부분을 많이 찾아낼수록 더욱 좋아요. 함께 찾아봐요.

내가 찾은 질문

1.

2.

3.

4.

글쓰기 고수 되는 열다섯 걸음

04 글로 그림을 그려요

글을 쓸 때 꼭 기억해야 할 두 가지가 있어요. 하나는 묘사이고, 하나는 서사예요. 이야기가 어떻게 진행되는지 나타내는 것이 서사이고, 어떤 장면인지 설명해 주는 것이 묘사예요.

묘사에 대해 먼저 알아볼게요.

묘사는 글로 그림을 그리는 것과 똑같아요. 처음에는 사진을 글로 표현해 보는 연습을 많이 해 보면 좋아요. 묘사할 때도 될 수 있으면 자세하게 나타내 보면 좋겠지요.

어쩌면 여러분도 본 적 있을 거예요. 천재 물리학자

아인슈타인의 모습이에요. 아인슈타인은 상대성 이론을 증명해 낸 과학자예요. 이 아인슈타인의 사진을 보면서 묘사를 연습해 볼게요. 묘사를 할 때는 사진의 위에서 아래로, 왼쪽에서 오른쪽으로, 바깥에서 안쪽으로 순서를 정해 놓고 하는 게 좋아요. 왔다갔다해 버리면 읽는 사람이 헷갈리거든요.

이 사진에서 눈에 띄는 걸 모두 써 볼게요. 위에서 아래로 내려가면서 쓰는 것인 만큼 여러분도 글로 나타낼 수 있는 게 무엇이 있는지 함께 찾아보세요.

❶ 머리가 많지 않다.
❷ 하얀 머리카락이다.
❸ 이마엔 굵은 주름이 가득하다.
❹ 굵은 눈썹은 반토막만 남았다.
❺ 눈썹의 끝이 아래로 휘었다.
❻ 눈을 동그랗게 떴다.
❼ 코는 둥그스름하다.
❽ 코 아래로 수염이 희끗희끗하게 나 있다.
❾ 혀를 아래로 쑥 내밀었다.
❿ 검은 목도리 비슷한 걸 둘렀다.
⓫ 두툼한 코트를 입고 있다.

53

이걸 쭉 이어서 써 볼게요.

> 아인슈타인은 머리가 많지 않고, 하얗다. 이마엔 굵은 주름이 가득하고, 굵은 눈썹은 반토막만 남았고, 눈썹은 아래로 끝이 휘어 있다. 코는 둥그스름하고 아래에는 수염이 희끗희끗하게 나 있다. 혀를 내밀었다. 두툼한 코트를 입었는데, 목에는 검은 목도리 비슷한 걸 둘렀다.

사진 한 장을 보고 뚝딱 묘사했어요. 여기에 사진의 첫인상을 조금 더 자세하게 살려서 써 준다면 더 좋아요. 가장 먼저 눈에 띄는 것이 혀를 쑥 내민 모습이니까, 꾸며 주는 말을 이 부분에 넣어 주면 좋겠어요. 두툼한 코트를 입었다는 건 날씨가 그만큼 춥다는 뜻이겠지요. 이 부분도 함께 써 볼게요.

> 아인슈타인은 많지 않은 머리숱은 모두 **흰 눈처럼** 하얗게 새어 버렸다. 나이가 든 아인슈타인의 이마엔 **세월이 지나간 것처럼** 굵은 주름이 가득하고, 짙은 눈썹은 반토막만 남았고, 아래로 끝이 활처럼 휘어 있다. 코는 둥그스름하고 아래에는 수염이 희끗희끗하게 나 있다. 혀를 **장난이라도 치는 것처럼 길게 쑥** 내밀고 있다. 날씨가 제법 추운 모양이다. 두툼한 코트를 입고, 목에는 검은 목도리 비슷한 걸 둘렀다.

선생님이 굵게 표시한 부분과 밑줄 친 부분은 '마치 -처럼' 하고 묘사한 부분이에요. -처럼, -한 것 같이, -한 듯이, 이런 표현들은 모두 묘사할 때 쓰는 말들이에요. 이런 말들을 연습해 두면 글쓰기 고수가 될 수 있답니다.

1. 태극기가 ＿＿＿＿＿ 처럼 펄럭입니다.
2. 눈썹이 ＿＿＿＿＿ 처럼 휘어져 있습니다.
3. 가슴이 ＿＿＿＿＿ 처럼 쿵쾅쿵쾅 뛰었습니다.

4 친구가 _____ 처럼 큰 소리로 나를 불렀다.

5 지율이가 _____ 처럼 뛰어갔다.

6 하임이가 _____ 한 듯이 소리쳤다.

7 세랑이는 _____ 한 것같이 웃었다.

 **나도 작가가 될래요.**

아인슈타인을 묘사해 볼까요?

글쓰기 고수 되는 열여섯 걸음

묘사
이 정도면 나도 고수

선생님이 쓴 『천년손이 고민해결사무소』의 주인공 삼인방이에요. 예꼬작 친구가 가운데에 있는 천년손이를 글로 묘사했어요. 여러분이 고쳐 보세요.

> 천년손이는 웃으면서 황금명함을 내밀었다.

힌트
머리카락 | 머리끈 | 귀모양 | 옷차림 등

고쳐 보기 :

**천년손이는 머리를 위로 높이 묶었다. 머리는 작은 끈으로 단단하게 묶었다. 옷은 …
어떤 표정을 지었냐면 …**

글쓰기 고수 되는 열일곱 걸음

06 판타지 고쳐쓰기 1

아래는 선생님이 쓴 『천년손이 고민해결사무소』 4권 '세계도술대회에 가다'의 한 부분입니다.

여러분이 선생님처럼 판타지 동화 작가가 된다면 어떻게 써 보고 싶은가요? 밑줄 친 곳을 다른 표현으로 바꿔서 써 보세요.

> 도로롱, 도로롱 코 고는 소리를 내면서 풀뿌리 요괴 할아버지는 그새 잠들어 있었다. 지우는 어깨에서 잠든 풀뿌리 요괴 할아버지를 빤히 보았다. 이 조그만 요괴가 정말로 풀뿌리 요괴일까, 지우는 문득 의아해졌다.
> 우아한 발걸음으로 멀리서 걸어오는 천년손이가 지우와 강길, 수아에게 손을 흔들었다. 지나다니던 요괴들이 천년손이를 가까이에서 보고는 꺄아아악, 소리 질러댔다.

- 선생님은 코 고는 소리를 도로롱, 도로롱이라고 했어요. 코 고는 소리를 어떻게 바꿀 수 있을까요?
- 선생님은 꺄아아악 소리를 질렀다고 표현했어요. 꺄아아악 대신 쓸 수 있는 표현에는 무엇이 있을까요?

> ＿＿＿＿＿＿＿＿＿＿ 소리를 내면서 풀뿌리 요괴 할아버지는 그새 잠들어 있었다. 지우는 어깨에서 잠든 풀뿌리 요괴 할아버지를 빤히 보았다. 이 조그만 요괴가 정말로 풀뿌리 요괴일까, 지우는 문득 의아해졌다.
> 우아한 발걸음으로 멀리서 걸어오는 천년손이가 지우와 강길, 수아에게 손을 흔들었다. 지나다니던 요괴들이 천년손이를 가까이에서 보고는 ＿＿＿＿＿＿＿＿＿＿ 소리 질러댔다.

글쓰기 고수 되는 열여덟 걸음

판타지 고쳐쓰기 2

아래는 선생님이 쓴 『천방지축 천년손이와 사자성어신비탐험대』 1권 '세상에서 가장 힘센 사자성어를 찾아라'의 한 부분입니다.

> 꽃잎 한 장이 허공으로 두둥실 떠오르더니, 부르르 몸을 떨었다. 순간, 펑 하는 소리와 함께 천년손이가 나타났다. 연이어 꽃잎 두 장이 허공으로 두둥실 떠오르더니, 펑, 펑, 하는 소리를 내며 각각 자래와 수아로 변신했다.

선생님은 꽃잎이 허공으로 두둥실 떠오르더니, 부르르 몸을 떨었다고 표현했어요. 여러분이 판타지 동화 작가라면 어떻게 표현하고 싶은가요? 여러분만의 표현으로 바꾸어 써 보세요.

힌트
부르르 | 쿵쾅쿵쾅 | 콰지직 | 사르르 | 빙그르르 | 스스슥 | 파르르 등

> 꽃잎 한 장이 허공으로 _____ 떠오르더니, _____ 몸을 떨었다. 순간, 펑 하는 소리와 함께 천년손이가 나타났다. 연이어 꽃잎 두 장이 허공으로 두둥실 떠오르더니, 펑, 펑, 하는 소리를 내며 각각 자래와 수아로 변신했다.

글쓰기 고수 되는 열아홉 걸음

다행시 고쳐쓰기

글을 처음 쓸 때는 재미있고 다양한 말놀이를 많이 해 보면 좋아요. 삼행시나 이행시 같은 다행시 놀이는 선생님이 예꼬작 어린이들에게 추천하는 것이기도 해요. 예꼬작 친구들이 쓴 삼행시를 여러분만의 다행시로 다시 바꿔서 써 보세요.

안	녕하세요.
경	찰이 되고 싶은 김지우입니다.

안	
경	

친	구랑 숨바꼭질을 할 때는
구	석에 숨어야 못 찾아요

친	
구	

사	다리로 높은 데에 올라가면
다	리가 후들후들 떨려요.
리	(이)빨도 덜덜 떨려요.

사

다

리

반	려동물은 소중해요.
려	(여)행 갈 때도 데려가면 좋겠어요.
동	물들도 여행 가고 싶어 할 거 같아요.
물	론 저도 같이 가고 싶고요.

반

려

동

물

글쓰기 고수 되는 스무 걸음

09 한 번 더 고쳐쓰기

앞에서 물놀이라는 글을 쓴 예꼬작 어린이가 이번에는 어떻게 글을 고쳤는지 살펴볼까요? 어떤 부분이 달라졌는지 눈여겨봐 주세요. 물론 가장 눈에 띄는 것은 글의 분량이에요. 글이 자세해지면서 점점 길어진다는 걸 이제 이해할 수 있을 거예요.

물놀이

수빈이 이모와 동해지경 해변으로 여행을 가기로 했다. 그런데 수빈이 이모가 여행을 가기로 한 날에 갑자기 중요한 일이 생겨서 못 간다고 했다. 나는 너무 아쉬웠다. 그래서 방안에 틀어박혀 있었다. 그 모습을 본 엄마가 지은이 이모에게 연락을 해 보겠다고 했다. 지은이 이모는 여행을 갈 수 있다고 했다. 나는 기분 좋게 어제 산 수영복을 입어 보았다. 그런데 맙소사! 수영복이 너무 컸다. 그래서 나는 큰 맘 먹고 '최고양이'라는 명품 브랜드에서도 가장 비싼 Z워터 샤이닝 프레서스를 샀다. 나는 수영복을 빨아 두고 기분 좋게 잠이 들었다.

드디어 여행 당일이 되었다. 나는 신나게 준비를 하고 콧노래를 흥얼거리며 지은이 이모를 만나러 고속버스터미널까지 바람처럼 뛰어갔다. 정류장에서 지은이 이모를 만나서 바다로 갔다. 전용 차선이 있는 고속버스를 타서 2시간밖에 안 걸렸다. 나는 준비운동을 하고 물에 뛰어들었다. 그렇게 한참을 놀다가 크기가 내 키의 두 배인 파란색 보트를 타고 멀리 보이는 작은 바위를 돌아왔다. 아무래도 해수욕장이 만든 코스 같았다. 보트를 타고나서 스노클링을 했다. 물에 잠수해서 흰동가리와 앤티스쉬림프를 보았다. 바다에서 나와 기념사진을 찍고 SEA WORLD!라고 적힌 기념품도 샀다. 정말 재미있었다. 다음에는 수빈이 이모와 같이 가고 싶다. (657자)

이번 글에서 선생님 눈에 가장 들어오는 부분은 진하게 표시한 부분들이에요. 맙소사, 콧노래를 흥얼거리며, 크기가 내 키의 두 배인 파란색 보트 바로 여기요. 맙소사, 라는 표현을 읽으면서 선생님은 아차, 하는 느낌이 들었구나, 하고 이해하게 됐어요. 좋은 표현이지요. 콧노래를 어떻게 흥얼거렸는지 써 주면 좋겠지만 그렇지 않다 해도 콧노래를 흥얼거릴 정도의 기분이라니, 얼마나 기분 좋았을지 상상이 돼요. 독자가 조금 더 잘 이해할 수 있도록 써 준 부분인 거예요. 엄청 크다, 정말 크다, 이런 추상적이고 막연한 표현 대신 크기가 내 키의 두 배인 파란색 보트라고 해 줬기 때문에 독자의 머릿속에는 크기가 얼마만 했겠네, 하고 그림이 그려져요.

　　고속버스터미널에 갈 때는 바람처럼 뛰어갔다고도 했어요. 그냥 뛰어간 게 아니라 바람처럼 뛰어갔대요. 이 글을 쓴 예꼬작 친구가 정말로 바람처럼 쌩하고 달려가는 모습이 머릿속에 그려지지요? 이게 바로 이 글에서 잘 쓴 부분들이에요.

　　아쉬운 부분이 있다면 어떤 걸까요? 선생님은 이 친구에게 몇 가지를 이야기해 주었어요. 먼저 이 여행이 재미있었다고 글이 끝났는데, 왜 재미있었는지 더 써 보라고 했어요. 맙소사도 큰따옴표에 넣어서 제대로 써 주라고 했고요. 예꼬작 친구는 이 글을 한 번 더 고쳤어요. 어떻게 고쳤는지 살펴볼게요.

 **나도 작가가 될래요.**

　　친구의 글을 읽어 보니 어떤가요? 이 친구에게 해 주고 싶은 말을 적어 보세요.

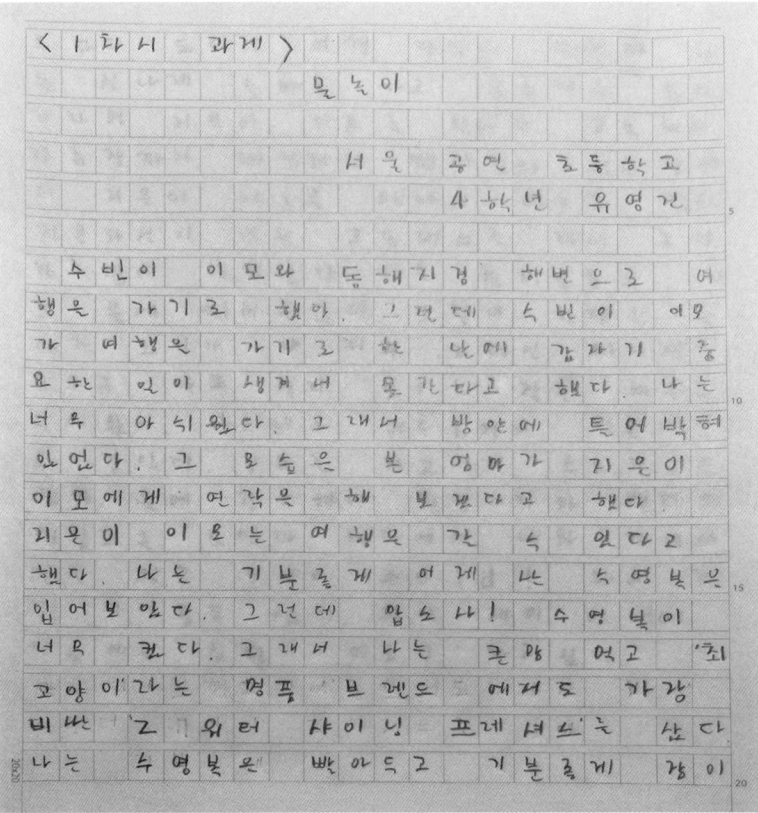

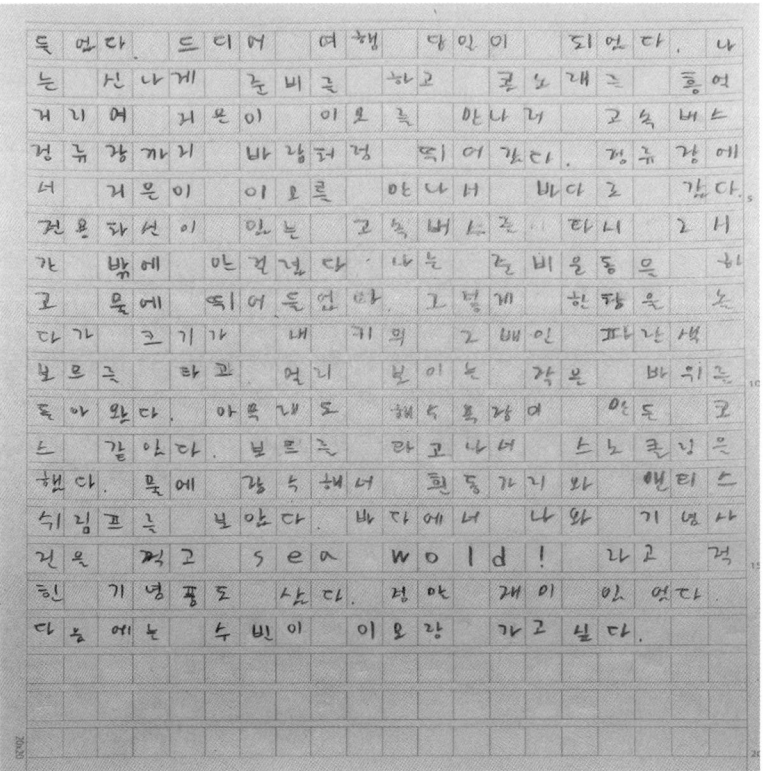

글쓰기 고수 되는 스물한 걸음

10 귀찮지만 한 번 더 고치기

귀찮지만 한 번만 더 고쳐 볼게요. 선생님도 잘 알아요. 글을 쓸 때 가장 하기 싫고 귀찮은 게 고쳐쓰기예요. 충분히 잘 쓴 것 같고, 때론 고치는 일이 너무나 귀찮겠지만, 그래도 한 번 더 꾹 참고 고쳐 보세요. 글이 훨씬 더 좋아질 거예요.

그럼 이 친구는 어떤 부분을 고쳤는지 살펴볼게요. 원고 분량은 이제 거의 700자 가까이 됐네요. 200자 원고지로 4장 정도 돼요. 이게 예꼬작에서 글쓰기 수업하면서 썼던 첫 작품이에요. 한 번 수업한 것만으로도 이만큼 글이 늘었으니 정말 잘한 거예요. 여러분도 이 친구처럼 글을 여러 번 고쳐서 쓴다면 정말로 멋진 작품을 만들어 낼 수 있어요. 선생님이 굳게 약속해요.

물놀이

수빈이 이모와 동해지경 해변으로 여행을 가기로 했다. 그런데 수빈이 이모가 여행을 가기로 한 날에 갑자기 중요한 일이 생겨서 못 간다고 했다. 나는 너무 아쉬웠다. 그래서 방안에 틀어박혀 있었다. 그 모습을 본 엄마가 지은이 이모에게 연락을 해 보겠다고 했다. 지은이 이모는 여행을 갈 수 있다고 했다.

나는 기분 좋게 어제 산 수영복을 입어 보았다.

"맙소사!"

수영복이 너무 컸다. 그래서 나는 큰 맘 먹고 '최고양이'라는 명품 브랜드에서도 가장 비싼 'Z 워터 샤이닝 프레셔스'를 샀다. 나는 수영복을 빨아 두고 기분 좋게 잠이 들었다.

드디어 여행 당일이 되었다. 나는 신나게 준비를 하고, 콧노래를 흥얼거리며 지은이 이모를 만나러 고속버스터미널까지 바람처럼 뛰어갔다. 정류장에서 지은이 이모를 만나서 바다로 갔다. 전용 차선이 있는 고속버스를 타니, 두 시간밖에 안 걸렸다.

나는 준비운동을 하고 물에 뛰어들었다. 그렇게 한참을 놀다가 크기가 내 키의 두 배인 파란색 보트를 타고 멀리 보이는 작은 바위를 돌아왔다. 아무래도 해수욕장이 만든 코스 같았다.

보트를 타고 나서 스노클링을 했다. 물에 잠수해서 꽁치와 망둥어를 보았다. 바다에서 나와 기념 사진을 찍고 SEA WORLD!라고 적힌 기념품도 샀다. 정말 재미있었다. 왜냐하면 여행 계획서에 있었던 일을 전부 했기 때문이다. 다음에는 엄마, 아빠와 가고 싶다. (695자)

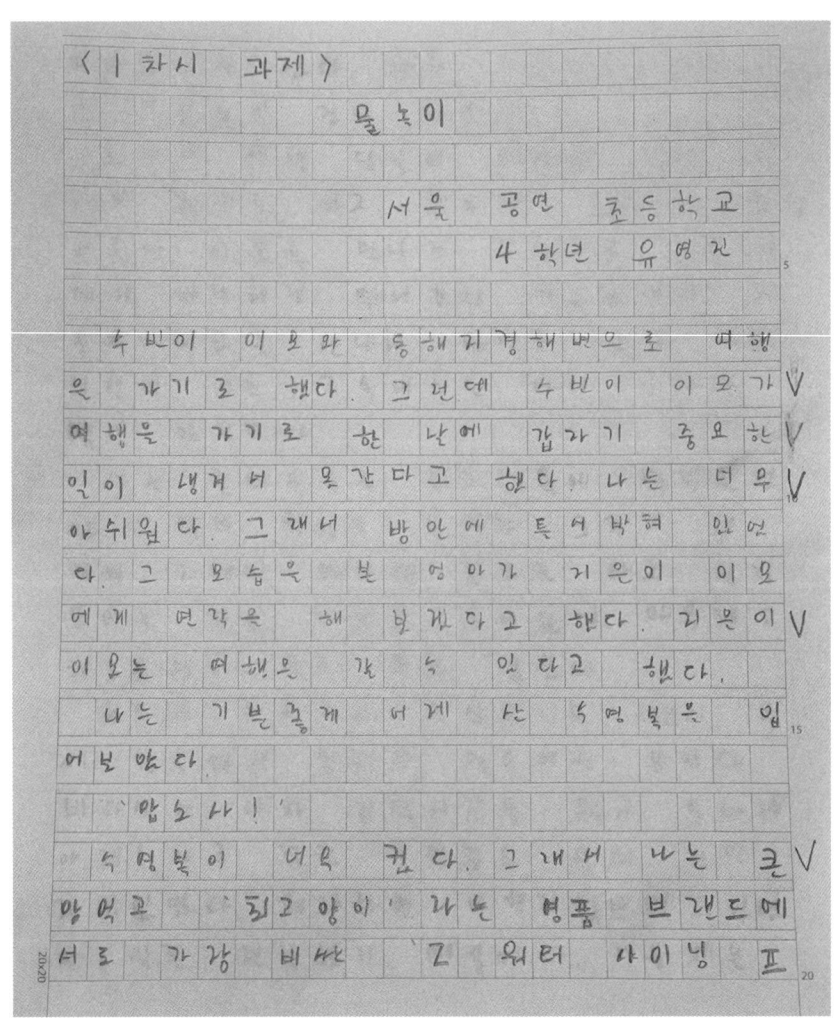

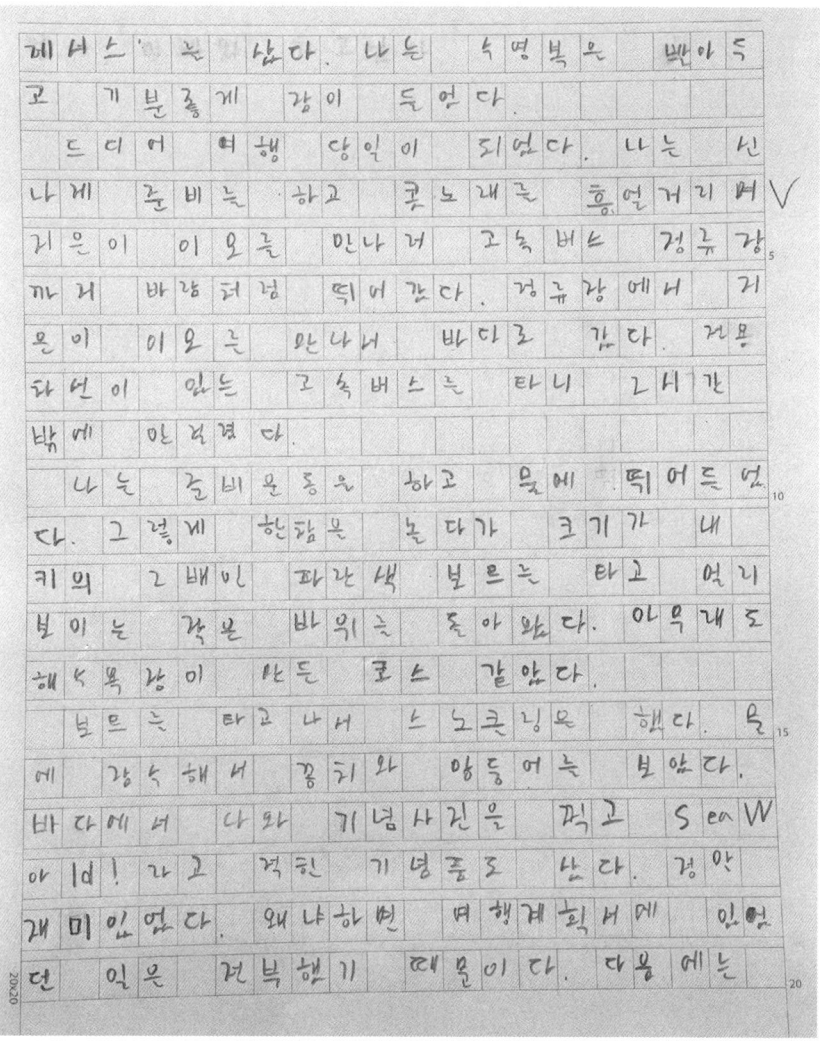

 버스'는 앉다. 나는 수영복을 받아5
고 기분좋게 잠이 들었다.
　드디어 여행 당일이 되었다. 나는 신
나게 준비는 하고 콧노래를 흥얼거리며
지은이 이모를 만나러 고속버스 정규장
까지 바람처럼 뛰어간다. 경규장에서 지
온이 이모를 만나러 바다로 간다. 거문
파단이 있는 고속버스는 타니 그새간
밖에 안보겼다.
　나는 준비운동을 하고 물에 뛰어들었10
다. 그렇게 한참을 놀다가 크기가 내
키의 그배인 파란색 보트는 타고 얻니
보이는 작은 바위는 돌아왔다. 이모게도
해수욕장이 만든 코스 같았다.
　보트는 타고 나서 스노클링을 했다. 물15
에 잠수해서 꽁치와 양들어는 보았다.
바다에서 나와 기념사진을 찍고 Sea W
orld! 라고 적힌 기념품도 샀다. 정말
재미있었다. 왜냐하면 여행계획서에 있었
던 일은 전부했기 때문이다. 다음에는

엄마, 아빠와 가고싶다.

4장

실감나게 쓰기로 글쓰기 고수 되기

글쓰기 고수 되는 스물두 걸음

01 실감나게 쓰기 1

지금까지는 자세하게 쓰기 위해 글을 어떻게 고쳐야 하는지를 알아보았어요. 이번에는 마치 내가 그 자리에 있는 것처럼 생생하게 쓰는 방법을 알아볼게요. 선생님은 이 글쓰기 방법을 실감나게 쓰기라고 말해요.

선생님은 판타지 동화를 열 권이나 썼어요. 지금도 한 권 더 쓰고 있고요. 선생님 같은 작가가 판타지를 쓸 때 가장 중요하게 생각하는 게 뭘까요? 신비한 이야기? 새로운 마법? 흥미진진한 스토리?

물론 다 맞아요. 선생님은 그것 말고 더 중요하게 생각하는 게 있어요. 독자의 머릿속에 저절로 그림이 그려지게 쓰는 것이에요. 중요한 거니까, 한 번 더 말해 줄게요. 독자의 머릿속에 그림이 그려져야 해요.

판타지라는 것은 사실 모두 작가가 상상으로 지어낸 것이에요. 이러면 참 재미있을 텐데, 하는 상상을 작가가 글로 표현한 것이지요. 얼마나 생생하고 실감나게 글을 써 주냐에 따라서 우리는 아, 시시하네, 할 수도 있고, 우와, 나도 그래 봤으면, 하고 감탄할 수도 있어요.

어떻게 하는 거냐고요? 선생님이 『해리포터와 마법사의 돌』의 한 장면으로 예를 들어 볼게요.

1 대충 쓰기
론은 퀴디치가 빗자루를 타고 날아다니는 경기라고 해리포터에게 말해 줬다.

2 고쳐쓰기
론은 해리포터에게 퀴디치도 모르냐고 말했다. 해리는 아직 퀴디치를 몰라서 론은 해리에게 빗자루를 타고 날아다니면서 하는 머글들의 축구경기와 같은 거라고 말해 주었다.
"해리, 너 퀴디치도 몰라?"

론이 해리에게 소곤거렸다.
"응. 퀴디치가 뭐야?"
해리는 눈이 동그래져서 론에게 되물었다.
"퀴디치는 음, 그걸 뭐라고 말해야 하지? 아, 맞아. 머글들은 축구라고 하지? 그걸 우리 마법사들은 빗자루를 타고 날아다니면서 하는 거야."
론의 설명에 해리가 머리 위로 날아다니고 있는 퀴디치 선수를 올려다보았다.

어때요? 어떤 글이 더 머릿속에 쏙쏙 들어오고, 그림이 잘 그려지나요? 내가 마치 그 자리에 해리, 론과 함께 있는 것처럼 느껴지는 글은 어떤 것이지요?

맞아요. 큰따옴표가 들어 있는 글이에요. 큰따옴표는 대사를 그대로 옮기는 장치이기 때문에 그래요. 작가들은 이걸 너무나 잘 알기 때문에 어떤 작가도 따옴표 없이 글을 쓰지 않아요. 선생님도 마찬가지고요.

에엥? 별거 아니잖아, 라고 생각했나요? 맞아요. 따옴표를 쓴다는 건 사실 별 거 아니에요. 여러분도 모두 학교에서 배웠을 거예요. 하지만 막상 글로 썼을 때 이걸 잘 활용하는 친구들은 보기 드물어요. 선생님이 예꼬작 친구들에게 따옴표 쓰기를 강조하는 까닭이에요. 남들이 잘 안 쓰는 표현을 찾아서 쓰는 게 글쓰기 고수의 방법이니까요.

> 무엇을 쓰든 짧게 쓰세요.
> 그러면 잘 읽힐 겁니다.
> 무엇을 쓰든 명료하게 쓰세요. 그러면 이해하기 쉬워질 겁니다.
> 무엇을 쓰든 그림같이 쓰세요. 그러면 기억에 머물게 될 겁니다.
>
> -조지프 퓰리처

글쓰기 고수 되는 스물세 걸음

실감나게 쓰기 2

  이번 글은 실감 나게 쓰기를 연습하기 위해서 일부러 여러분이 잘 아는 판타지 동화의 한 장면을 골랐어요. 어떤 일이 벌어질지는 모두 상상해서 쓰라고 했어요. 예꼬작 친구들은 어떻게 썼는지 살펴볼까요?

  참고로 말하면 예꼬작 어린이들은 선생님이랑 한 번만 수업해도 팔이 아플 정도로 원고가 길어져요. 이걸 본 부모님들은 기적 같다면서 놀라워하세요. 하지만 글을 길게 쓰는 건 하나도 안 어려워요. 복잡한 것도 아니고요. 여러분도 앞에서 선생님이 설명한 걸 차근차근 잘 따라왔다면 얼마든지 길게 쓸 수 있어요. 다만 원고 분량이 7장을 넘어가게 되면 손으로 쓰는 게 팔이 아플 수 있어요. 그럴 땐 컴퓨터로 쓰는 것도 괜찮아요.

  한국어는 의성어와 의태어가 발달한 언어예요. 쿵쾅쿵쾅, 바스락바스락, 반짝반짝, 초롱초롱, 이런 표현을 떠올려 보세요. 이런 표현을 글에서 써 주고 안 써 주고는 차이가 커요. 선생님도 동화를 쓸 때 이런 의성어, 의태어를 될 수 있는 한 많이 써 주려고 해요. 그래야 더 생생하게 느껴지거든요.

> 문이 열렸다.
> 문이 덜컹 열렸다.
> 문이 삐끄덕 하고 열렸다.
> 문이 끼이익 하면서 열렸다.

  어때요. 느낌이 다 다르지요? 문이 열렸다는 표현보다는 덜컹, 삐그덕, 끼이익, 소리를 내면서 열렸다는 표현이 더 실감나게 느껴져요. 그냥 문이 열렸다고 하면 어떻게 생긴 문이 어떤 식으로 열렸는지 머릿속에 잘 안 그려져요. 덜컹 열린다면 어떤가요? 덜컹이라는 걸로 미루어 볼 때 묵직한 철문이 아니라 가벼운 나무문일지도 몰라요. 그렇다면 제대로 말해 주면 더 좋겠지요.

<u>낡은 나무로 된 문이 끼이익 소리를 내면서 열렸다.</u>

어때요. 몇 글자 넣었을 뿐인데도 느낌이 확 달라졌지요? 이렇게 써 줘야 해요. 어렵지 않아요. 의성어, 의태어만 잘 기억해도 돼요.

특히 우리말에선 노란색 하나만 해도 누리끼리하다, 노르스름하다, 샛노랗다, 누렇다 등 다양하게 표현할 수 있어요. 영어에서는 이렇게까지 다양한 표현이 없어요. 한국어로 글을 쓸 때는 이런 표현을 잘 살려줄수록 맛깔 나는 문장이 될 수 있어요. 잘 눈여겨보고, 오래 생각해 봐야 좋은 표현이 떠올라요.

그렇다면 예꼬작 어린이들은 어떻게 글을 썼을까요?

성효샘이 준 처음 글
헨젤과 그레텔은 숲속에 있는 과자로 된 집을 발견했다.

선생님은 이 한 문장으로 마음껏 글을 써 보게 했어요. 자세하고 실감나게 말이에요.
친구들이 쓴 글을 보기 전에 여러분도 한 번 써 보세요.

 **나도 작가가 될래요.**

헨젤과 그레텔은 숲속에 있는 과자로 된 집을 발견했다.

예꼬작 친구가 쓴 글

헨젤과 그레텔
미스터리한 과자집

정지윤

"오빠, 무서워." 그레텔이 말했다. 지금 남매는 깊고 어두운 숲에 있다. 홀로 남겨진 채. 남매는 걷고 또 걸었다. 그러자 한 과자집이 있었다. 하지만 과자집은 남매가 생각한 것과 달랐다. 지붕은 조금 휘어있고, 집 위에는 원통 모양 굴뚝이 있었다. 그리고 하늘에는 접시처럼 큰 보름달이 있었다. 집은 검은색, 회색, 흰색 사탕으로 장식되어 있었다. 그리고 비가 올런지 말런지 천둥과 번개가 쳤다. 그것들이 남매를 더 무섭게 했다. 하지만 그레텔은 왜 과자, 사탕으로 이루어져 있는 과자집이 깊고 어두운 숲 속에 있는게 궁금했다. 그래서 조금 다가가 보았다. 아무 일이 없었다. 그래서 조금 더 다가가 보였다. 그레텔은 헨젤에게 "오빠, 너무 배고파. 저 사탕들과 과자 먹고 싶어."라고 했다. 헨젤은 "안돼. 누가 지은 거일쉬 우리가 먹고 나면 작품이 망가진 걸 보고 슬퍼할 거야." "그러니까 조금 참아." 그레텔은 오빠 말대로 따랐다. 하지만 배고픔은 참을 수 없어서 오빠가 자는 사이, 그레텔은 박하사탕과 과자들을 조금 먹었다. 다음 날 아침, 헨젤은 테두리 부분에 있는 박하 사탕 2개가 없어진 걸 보고 그레텔으로 부터 말했다. "내가 먹지 말라고 했잖아!" 그레텔이 욱해서 "배고픈 걸 참을려고 했지만 참을 수가 없없어! 너무 배고팠다고!" 결국 남매는 언쟁을 하기 시작했다. 그날 저녁, 헨젤은 그레텔에게 사과했다. "미안해, 난

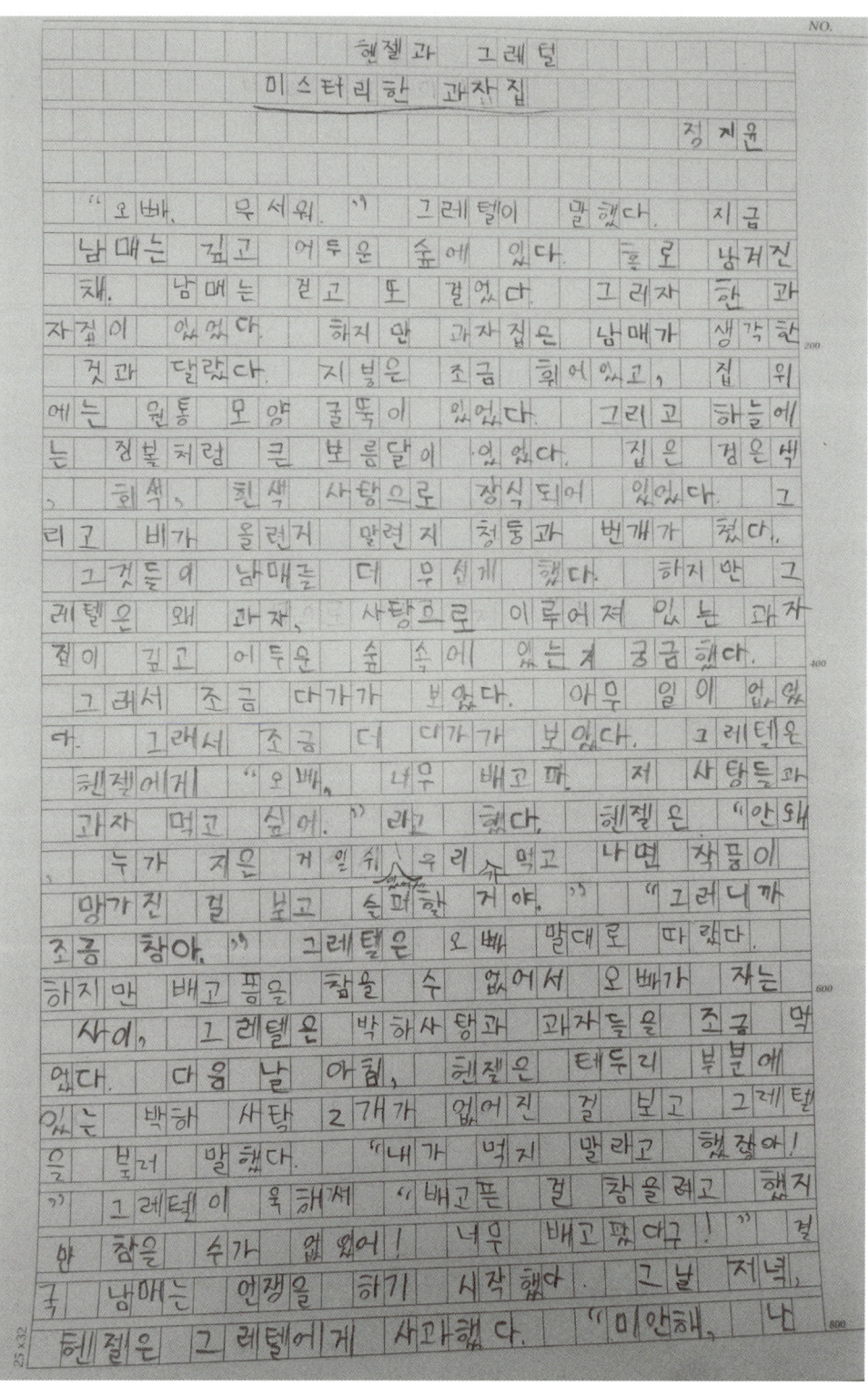

"그러려고 하려던 게 아닌데…" 그레텔이 그 말을 듣고, "나도 미안해. 오빠." 남매는 사과하고 저녁기도를 하고 잠들었다.

이번에는 예작 박선영 선생님이 첨삭을 해 주셨어요. 어떻게 첨삭하셨는지 살펴볼게요.

> **박선영샘**
> '미스터리한 과자집' 제목이 궁금증을 일으키네요. 글 시작도 대화글로 잘 시작해 주었어요. 과자집도 눈에 그려지듯 자세히 써 주었어요. 지윤이가 너무나도 잘 썼지만 글에서 조금만 더 욕심을 내자면
>
> 1. 의성어, 의태어 사용해 보기
> 예) 조금 더 살금살금 다가가 보았다.
> 예) 결국 남매는 티격태격 싸우기(언쟁을 하기) 시작했다.
> 2. 글에서 등장인물의 생각을 작은따옴표로 나타내 보기
> 예) 그레텔은 오빠 말대로 따랐다. 하지만 배고픔을 참을 수 없었다.
> '조금 먹는다고 무슨 일이 일어나겠어?' 오빠가 자는 사이…
>
> 지난번 글도 좋은데 이번 글에서 여러 가지로 고민하고 쓴 흔적이 보여요. 제목, 글의 시작도 많이 좋아졌어요. 대화글을 사용해 헨젤과 그레텔의 심리도 잘 묘사해 주었습니다. 갈등 해결 과정도 재미있고요. 정말 잘했어요~~!! 박수!!

선영샘의 첨삭 이후에 지윤이가 글을 어떻게 고쳤는지 볼까요.

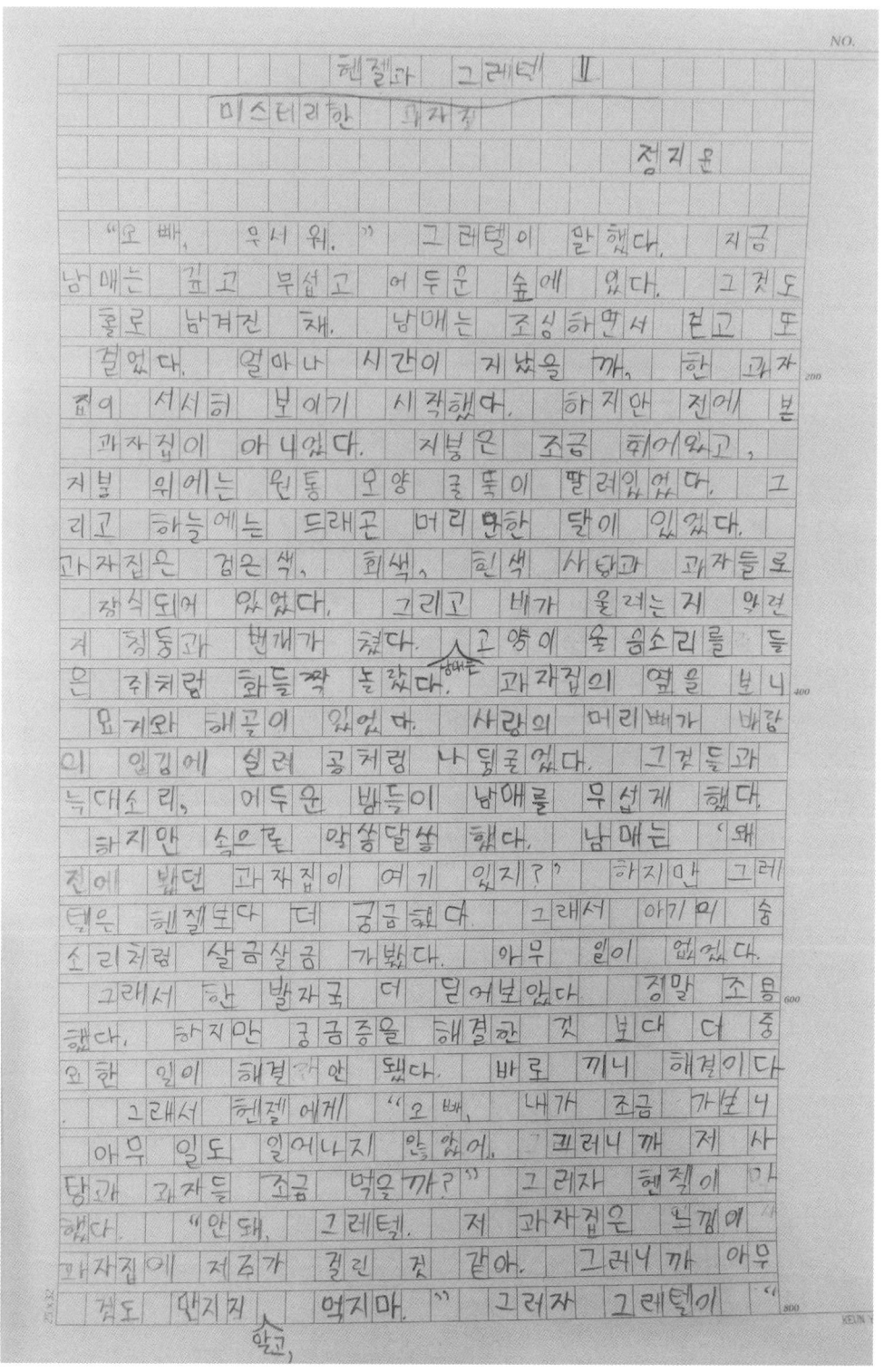

알았어. 잡아보게."라고 했다. 달의 움직임으로 봐선 11시가 된 것 같다. 헨젤과 그레텔은 그나마 피난치가 되는 나무 동굴에서 잤다. 베게는 참나무 잎을 모아서 만들었다. 하지만 그레텔은 잠을 못 잤다. 배고픔 악마때문이다. 그래서 그레텔은 새벽 1시쯤에 빠져 나왔다.
"박하 사탕 1개랑 과자 2개 정도 괜찮겠지? 아무일도 없을 거야. 어차피 3개만 먹는데."
다음 날 아침, 헨젤은 그레텔을 불렀다.
"내가 과자집 오서리에 있는 사탕과 과자 먹었지? 그렇지? 내가 먹지 말라고 했잖아!!"
그레텔은 눈물툭이 쏟아서 나오면서 "미안해. 내가 잘못했어. 내가 참을려고 했는데..." 룩룩 으아앙!!!" 헨젤은 멈칫 하고 생각했다.
'너무 심했나?' 헨젤은 그레텔에게 사과를 했다. "미안해.... 내가 너무 그렜지?" 그 말을 듣자 그레텔이 "아직늦도 안 늦였지만 조금 괜찮아." 남매는 서로 화해 했다. 사과를 하고 나니 저녁이다. 헨젤과 그레텔은 성모 마리아님과 예수님에게 저녁기도를 올리고 꿈나라로 날아갔다....

77

5장

고쳐쓰기로
논술 고수 되기

글쓰기 고수 되는 스물네 걸음

01 논술은 형식이 정해진 글쓰기다

우리가 쓰는 글에는 형식이 정해져 있는 글과 형식이 정해져 있지 않은 자유로운 글, 2가지가 있어요.

글을 쓸 때 지켜야 할 형식

엄격함	**자유로움**
논술	일기
보고서	독후감
편지	시
⋮	⋮

일기나 독후감, 시는 글 쓰는 사람이 자유롭게 쓸 수 있어요.

일기는 내가 보낸 오늘 하루에 대해서 쓰는 글이니까 내 맘 가는 대로, 생각나는 대로 자유롭게 써도 되거든요.

독후감도 책을 읽고 쓰는, 어디까지나 나의 감상이에요. 독서편지도 있고, 독후감도 있고, 독서포스터로 써도 돼요. 형식이 자유롭지요.

시는 가장 대표적인 자유 글쓰기로 더 말할 게 없겠지요. 길어도 되고, 짧아도 되죠.

그런가 하면 형식이 정해져 있는 글에는 논술, 편지, 각종 보고서 등이 있어요. 이들 글에는 정해진 글쓰기 약속이 있어서, 이 약속을 꼭 지키면서 글을 써야 해요.

예를 들면 논술에는 서론, 본론, 결론이라는 3단계 글쓰기 형식이 있어요. 논술은 대학 입시에서 평가하는 시험으로 쓰일 정도로 이 약속을 중요하게 여겨요. 시험에서도 이 약속대로 얼마나 논리적으로 잘 썼는가 하는 걸 따지지요.

편지도 그래요. 받는 사람, 인사, 하고 싶은 말, 끝맺는 말, 보내는 사람, 이런 식으로 형식이 정해져 있어요. 이걸 하나라도 빠뜨리면 어딘가 엉성하고 이상한 편지가 돼요. 실험 보고서도 실험하게 된 동기, 실험의 목적, 실험의 방법, 실험의 결론 등을 정확하게 설명해야만 하지요.

그렇다면 형식이 정해진 글과 형식이 없는 자유로운 글, 둘 중 어떤 것이 더 쓰기 어려울까요.

형식이 정해진 글? 아니면 자유로운 글?

아마 자유롭게 쓰는 글이 더 쉽다고들 생각할 거예요. 그런데 막상 글을 써 보면 형식이 정해져 있는 글이 쓰기엔 훨씬 쉬워요. 꼭 써야 할 것만 잘 챙겨서 쓰면 되거든요. 생각보다 어렵지 않고, 써 놓고 나면 오히려 그럴싸해 보일 정도예요. 선생님이 예꼬작 어린이들에게 '논술이 독후감보다 쓰기 쉽다.'고 이야기하는 까닭이에요.

그렇다면 논술을 어떤 형식을 지켜서 어떻게 쓰는 것인지 자세하게 알아볼까요?

> 힘 있는 글은 간결하다. 문장에는 불필요한 단어가 없어야 하고, 단락에는 쓸데없는 문장이 없어야 한다. 모든 단어가 군더더기 없이 제 소리를 내야 한다.
> -윌리엄 스트렁크 2세(코넬대학교 영문과 교수)

글쓰기 고수 되는 스물다섯 걸음

논술에 쓸 수 있는 근거 vs 쓸 수 없는 근거

논술은 형식이 정해진 글이에요. 글쓰기 약속이 엄격하게 지켜지는 만큼 논술에는 꼭 써 줘야만 하는 매우 중요한 키워드들이 있어요. 이 키워드를 한 편의 논술 안에 무조건 써야 해요. 선생님은 예꼬작 어린이들에게 여섯 문단으로 나눠서 논술 한 편을 완성해 보는 것을 가르쳐요.

① 문제	② 선택	③ 근거 1
이 일이 왜 문제가 되나. 배경이나 문제 상황을 설명해 줍니다.	나는 이 문제에 대해 어떤 선택을 했나요? 옳다고 생각하나, 그르다고 생각하나, 내가 고른 생각을 씁니다.	내가 그렇게 생각하는 까닭은 무엇인지 첫 번째 근거를 써 줍니다.
④ 근거 2	⑤ 근거 3	⑥ 정리
내가 그렇게 생각하는 까닭은 무엇인지 두 번째 근거를 써 줍니다.	내가 그렇게 생각하는 까닭은 무엇인지 세 번째 근거를 써 줍니다.	그러니까 결국 내가 하고 싶은 말은 무엇인지, 앞에서 한 내용을 짧게 정리해서 써 줍니다.

이때 주의할 것은 내가 왜 그렇게 생각하는지 손에 잡힐 정도로 구체적인 자료를 근거로 내놓아야 한다는 것이에요.

논술에 쓸 수 없는 근거
- 혼자 곰곰이 생각해 보니까 좋을 것 같았다. ×
- 친구가 말해 줬는데, 재미있을 것 같았다. ×
- 네이버 지식인에서 찾아봤다. ×
- 인터넷에서 검색했는데, 어디에서 찾은 건지는 잘 모르겠다. ×

논술에 쓸 수 있는 좋은 근거
- ○○신문사에서 ○○년 ○○월부터 ○○년 ○○월까지 ○○○명에게 조사한 데이터 ○
- 통계청에서 2023년 12월 16일 발표한 자료 ○
- 『왜 세계의 절반은 굶주리는가』 167쪽에 나온 자료 ○

선생님이 예를 든 좋은 근거와 그렇지 않은 근거를 보면 금방 이해할 수 있을 거예요. 논술은 내 생각이 옳다, 이게 맞다, 이것에 찬성한다고 주장하는 글이에요. 글을 읽는 독자를 논술로 설득하려면 신빙성 있고 구체적인 자료를 내놓으면서 주장해야만 해요. 그렇게 하지 않으면 상대방을 설득할 수 없거든요.

예를 들어볼게요.

> 나는 짱구가 재미있다고 생각한다. (나의 주장)
> 왜냐하면 나는 짱구를 볼 때마다 웃기 때문이다. (그렇게 생각하는 근거)

아주 짧은 글이지만, 이것도 주장하는 글이고 논술이에요. 만약 다른 친구가 이 글을 보면 뭐라고 생각할까요?

"난 짱구 재미없는데?"
"아니야. 재밌어."
"왜?"
"그냥. 난 재밌으니까 재밌어."

"그게 무슨 말이야."

이 친구는 내 생각에 설득됐을까요, 안 됐을까요? 맞아요. 설득되지 않았어요. 내가 재미있어 한다는 것 말고는 딱히 이유가 없거든요. 이런 건 근거라고 보기 어려워요. 그냥 내 생각일 뿐이고, 내 생각과 친구의 생각은 얼마든지 다를 수 있거든요.

> 나는 짱구가 재미있다고 생각한다.
> 왜냐하면 소년조선일보가 2023년 12월 16일 대한민국 초등학생 1만 2천 명을 대상으로 조사한 결과, 가장 재미있는 애니메이션 1위로 꼽혔기 때문이다.
> - 자료 출처 :「소년조선일보」, 2023. 12. 16. 대한민국 초등학생이 가장 좋아하는 애니메이션 순위

이 글은 어떤가요? 아하, 하고 소리가 저절로 나오지 않나요? 대한민국 초등학생을 대상으로 한 조사에서 가장 재미있는 애니메이션 1위에 꼽혔다는 구체적인 자료를 제시했으니까요. 논술에서는 이런 구체적인 자료를 내놓아야 해요. 그래야만 아하, 하고 상대를 설득하게 돼요.

그러니 항상 기억해야겠지요. 논술을 쓸 때는 누가 들어도 아하, 하고 고개를 끄덕일 수밖에 없는 정확하고 구체적인 자료를 제시해야 한다는 걸 말이에요. 나 혼자만 그렇게 생각하는 것을 근거로 든다면 그만큼 내 글이나 말에는 힘이 없어요. 하지만 누가 봐도 '아, 그렇구나.' 하고 생각할 수 있는 걸 근거로 든다면 내 말과 글에 힘이 실리게 돼요. 바로 이 힘이 실리는 말하기와 글쓰기를 잘 기억해야 해요. 그게 좋은 말, 좋은 글이니까요.

글쓰기 고수 되는 스물여섯 걸음

03 논술 쓰기 기초

선생님이 몇 번이나 강조했지만, 논술은 형식을 잘 지켜야 하는 글이에요. 바꿔 말하면 형식만 잘 지키면 되는 글이란 뜻이에요. 어때요. 그다지 어렵지 않지요? 맞아요. 선생님이 볼 때는 독후감 쓰기보다 논술이 쉽고, 일기 쓰기보다도 논술이 쉬워요.

왜 그럴까요?

논술은 다음 2단 구조만 충분히 연습하면 누구나 쓸 수 있기 때문이에요.

> 난 이렇게 생각해. 왜냐하면   때문이야.

빈칸에 무슨 이유 때문인지만 잘 써 주면 돼요.
먼저 이 친구들이 어떤 이야기를 나누고 있는지 살펴볼까요?

지우
난 체육 시간이 가장 좋다고 생각해.
왜냐하면 체육 시간은 누구나 뛰어놀고, 재미있게 지낼 수 있는 시간이기 때문이야.

민하
아니야. 난 다르게 생각해.
난 체육 시간보다 수학 시간이 더 좋다고 생각해.
왜냐하면 수학 시간에는 중요한 수학 공식도 배워야 하고, 문제도 많이 풀어야 하는데, 나는 그게 좋기 때문이야. 그래서 나는 수학 시간이 가장 좋다고 생각해.

지우는 왜 체육 시간이 좋다고 했지요?

민하는 지우의 의견에 반대했나요, 찬성했나요?

여러분은 어떻게 생각하나요?

나의 의견

나는 _____ 시간이 가장 좋다고 생각한다.

왜냐하면 _____ 이기 때문이다.

여기에서 나의 의견이 바로 나의 주장이에요. 왜 그렇게 생각하는지가 근거고요.

앗, 그런데 하나 잊어버리고 넘어갈 뻔했네요? 앞에서 근거를 댈 때는 구체적이고 명확하게 들어 주는 게 좋다고 했어요. 여기에서는 단순하게 내 생각에 그렇다는 건데, 좋은 근거라고 볼 수 있을까요? 맞아요. 좋은 근거는 단순하게 내가 생각할 때 보기 좋아서, 정도여서는 안 돼요. 그럼 남을 설득할 수는 없어요.

그럼 이 문제를 논술에 가까워지도록 살짝 바꿔 볼게요.

대한민국 초등학생이 가장 좋아하는 과목은 _____ 이다.

왜냐하면 _____ 이기 때문이다.

초등학생이 가장 좋아하는 과목은 무엇일까요? 이 문제에 대한 근거로 쓸 만한 자료가 있을까요? 있다면 어떤 것이 있을까요? 찾아서 빈칸을 채워 보세요.

논술쓰기의 기초 2단 문장 쓰기 연습하기

평소에도 나는 왜 그렇게 생각하는지 이유까지 같이 말하는 습관을 들여 보세요. 이걸 자주 연습할수록 논술을 쓸 때 한결 쉬워져요.

1 나는 초등학생이 SNS를 하는 것은 (옳다 | 옳지 않다)고 생각해.
　　왜냐하면 　　　　　　　　　　　　　　이기 때문이야.

2 나는 초등학생이 이성교제를 하는 것은 (옳다 | 옳지 않다)고 생각해.
　　왜냐하면 　　　　　　　　　　　　　　이기 때문이야.

3 나는 친구들과 비밀일기장을 쓰는 것은 (옳다 | 옳지 않다)고 생각해.
　　왜냐하면 　　　　　　　　　　　　　　이기 때문이야.

4 나는 용돈을 받기 위해서 집안일을 하는 것에 (찬성 | 반대)해.
　　왜냐하면 　　　　　　　　　　　　　　이기 때문이야.

5 나는 　　　　　　　　　　　　　　　　생각해.
　　왜냐하면

　　　　　　　　　　　　　　　　　　　　이기 때문이야.

글쓰기 고수 되는 스물일곱 걸음

04 논술쓰기 실전

앞에서 논술에 꼭 들어가야 할 글쓰기 키워드들이 있다고 했지요? 이제 이 키워드들을 모두 넣어서 꼼꼼하고 자세하게 논술을 써 볼게요. 아마 왜 그렇게 생각하는지 근거를 들어 글을 쓰는 걸 충분히 연습했다면 이제 어렵지 않게 논술을 쓸 수 있을 거예요.

① 문제
이 일이 왜 문제가 되나. 배경이나 문제 상황을 설명해 줍니다.

② 선택
나는 이 문제에 대해 어떤 선택을 했나요? 옳다고 생각하나, 그르다고 생각하나, 내가 고른 생각을 씁니다.

③ 근거 1
내가 그렇게 생각하는 까닭은 무엇인지 첫 번째 근거를 써 줍니다.

④ 근거 2
내가 그렇게 생각하는 까닭은 무엇인지 두 번째 근거를 써 줍니다.

⑤ 근거 3
내가 그렇게 생각하는 까닭은 무엇인지 세 번째 근거를 써 줍니다.

⑥ 정리
그러니까 결국 내가 하고 싶은 말은 무엇인지, 앞에서 한 내용을 짧게 정리해서 써 줍니다.

예꼬작 3학년 서하가 쓴 논술을 볼게요. 서하가 쓴 주제는 '초등학생이 PC방에 가는 것은 옳은가'였어요. 여러분은 이 문제에 대해서 어떻게 생각하나요?

제목: 당신은 PC방에 가시겠습니까?

3학년 3반 김서하

2019년 5월 26일 어린이 동아 신문에서 자료를 수집한 내용이다.
세계보건기구(WHO)가 '게임중독'을 치료가 필요한 '질병'으로 분류했다. WHO는 최근 스위스 제네바에서 열린 회의에서 게임중독을 질병으로 지정하는 내용을 포함한 국제질병표준분류기준(ICD) 개정안을 만장일치로 통과시켰다. 새 개정안은 우리나라를 포함한 194개 WHO 회원국에서 2022년부터 적용된다. WHO는 이용자가 게임 참여의 횟수, 시간 등을 스스로 통제할 수 없고, 다른 어떤 일상생활보다 게임을 중요하게 여기는 등의 행동을 12개월 이상 지속하면 게임중독으로 판단한다고 했다.

나는 초등학생들이 PC방에 가는 것은 옳지 않다고 생각한다.
첫째, PC방에 가게 되면 게임 중독이 될 수 있다.
정상적인 생활에 지장을 받을 정도로 게임에 몰두하는 상태를 게임 중독이라고 한다. 게임에 지나치게 몰두하다 보면, 일상생활을 잃어버리게 된다. 게임하는 시간이 늘어나게 되면 자연스럽게 가족과 함께하는 시간, 공부하는 시간, 잠을 자야 하는 시간이 줄어들게 된다. 밥을 먹어야 할 때 밥을 먹지 않게 되고 잠을 자야 할 때 잠을 자지 않게 되어 건강이 나빠지게 된다.

둘째, PC방에 가게 되면 인터넷과 게임으로 자연스레 욕설들을 배우며 사용하게 된다. 무분별한 인터넷 사용은 여러 광고물이나 영상, 사진들을 보게 되어 유혹에 빠져들어 곤경에 빠져 들 수 있다. 또한 거친 욕설은 누군가의 마음에 상처를 줄 수 있어 소통도 어려워진다.

셋째, PC방에 가게 되면 눈 건강에 영향을 미칠 수 있다.
컴퓨터 화면을 오래 보고 있으면 눈이 건조하여 충혈이 될 수 있기 때문이다.

따라서 초등학생들이 PC방에 가게 되면 게임 중독이 될 수 있고, 무분별한 인터넷 사용으로 여러 광고물이나 영상, 사진들을 보며 욕설을 자연스레 사용할 수 있고, 컴퓨터 화면을 오래 보고 있으니 눈 건강에도 영향을 미칠 수 있다 그러니 PC방을 가는 것 보다 운동장에서 땀을 흘리며 뛰어 노는 것이 우리 몸에 건강한 활동이라고 생각한다.

서하는 PC방에 가는 것이 옳지 않다고 생각했는데, 그 근거로 3가지를 들었어요. 서하의 근거를 찾아보세요.

1	첫째 근거	
2	둘째 근거	
3	셋째 근거	

서하가 자신의 주장이 옳다는 걸 강조하기 위해서 제시한 자료는 어떤 것이었는지 찾아보세요. 어디에서 가져온 자료였을까요? 자료의 출처를 찾아서 적어 보세요.

자료의 내용	
자료의 출처	

서하가 내린 결론은 무엇이었나요? 어떻게 자신의 주장을 정리했는지 글에서 찾아보세요.

이번에는 서하의 논술에 대해 예작 우정샘이 첨삭한 내용을 볼게요.

> **우정샘**
>
> 서하는 시적인 감각도 있으면서 이런 논설문도 잘 쓰네요. 특히 논제를 정하면서 조사한 내용에 대해 날짜, 기관 등 정확한 출처를 잘 밝혀 적었어요. 논설문에서 출처를 밝히는 것은 굉장히 중요해요. 주장의 신뢰와 설득력을 높여 주거든요. 주장에 대한 근거도 3가지로 정리하고 마지막 마무리 결론은 대안까지 제시하는 등 잘 정리했어요.
>
> 조금 정리해 보자면
> 1. 서하 친구의 주장에 대한 근거들을 보아 미루어 생각하건대 컴퓨터를 많이 하게 되면서 걱정되는 부분을 많이 쓴 것 같아요. 그래서 PC방에 가도 좋은가라는 논제보다 다른 내용으로 정리해 보는 게 어떤가라는 생각이 들어요. 근거를 보면 PC방이라는 내용이 굳이 들어가지 않더라도 PC를 많이 했을 때 나타나는 문제점들이거든요. 논제를 그대로 쓰려면 특히 PC방이라는 장소를 왜 가면 안 되는지, 집에서 PC를 하는 것과 어떤 다른 점이 있기에 그런 주장을 하는지 더 명확하게 설명되어야 할 것 같아요.
> 2. 첫째, 둘째, 셋째의 주장에 대한 근거를 잘 정리했는데 통계나 연구자료, 뉴스 등의 근거를 뒷받침하는 내용들이 구체적으로 들어갔으면 좋겠다고 생각해요. 예를 들어 게임중독이 될 수 있다는 근거에 대해서는 PC방 사용 시간과 게임중독 간의 상관관계 연구나 관련 뉴스 등을 찾아 첨가하면 더욱 설득력 있는 부분이 될 것 같네요. 셋째의 근거도 PC 사용 시간과 시력 저하의 관계 등 연구 결과를 찾아 추가하면 좋을 것 같아요.
>
> 서하가 논설문의 기본 양식인 서론, 본론, 결론의 과정을 잘 따랐고, 특히 근거를 이야기하면서 핵심문장이 앞에 오는 두괄식을 사용해서 내용이 금방 눈에 들어왔어요.

<논술>

제목: 당신은 PC방에 가시겠습니까?

3학년 3반 4-1
김서하

다음은 20○○년 2월 9일 소비자 뉴스 보도자료인 'PC방 이용 관련 환경 개선 필요-청소년의 PC방 이용실태 조사'를 수집한 내용이다. 한국소비자보호원은 청소년의 PC방 이용이 급증함에 따라 PC방의 환경에 대하여 서울 및 수도권

거주 초·중·고·대학생 615명, 초·중·고·대학생 자녀를 둔 학부모 612명 및 서울 시내 소재 게임방 75개소를 대상으로 99.11.3~17까지 실태를 조사하였으며 그 결과는 다음과 같이 나타났다.

1. 응답자의 71.5%는 게임을 목적으로 PC방을 이용하였고, 72.2%는 주 1회 평균 2시간 내외를 이용함.

2. 컴퓨터 주변기기를 이용하기 위해서 PC방을 이용한다는 응답자는 29.2%임.

그러나 전체 응답자의 22.7%는 PC 주변기기가 부족하다고 지적하고, 19.6%는 프로그램이 다양하지 못하다는 불만을 나타냄.

3. PC방 이용자의 67.4%는 흡연으로 실내공기가 나쁘다를 지적하고 있어, 청소년의 건강에 부정적 영향을 미치는 환경인 것으로 나타남.
- 조사대상 PC방 75개소 중 51개소(68%)에서 담배 판매
- 내부에서 흡연을 한 흔적이 75개소 중

51개소(68%)에서 나타남.

4. 또한, PC방 이용자들은 PC방의 소음이 심한 편이다.(29.2%), 조명이 너무 어둡다.(24.0%)고 응답하고 있어, 청소년의 청력 및 시력 저하 문제가 유발될 소지가 있는 것으로 나타남.

5. 조사 대상의 12%(9개 업소)에서는 소방시설이 마련되어 있지 않아 화재 발생에 대한 대비가 미비함.

6. 음반.비디오물 및 게임물에 관한 법률에 따라 높이 1.3미터 이상의

칸막이를 설치하여서는 아니되나. 조사 결과 높은 칸막이를 하거나 별도의 방을 마련해두는 등 기준을 어긴 업소가 11개 업소(14.7%) 있었음.

7. 특히, 18세 미만 조사대상자(434명)의 44.2%(192명)는 청소년 출입제한시간(오후 10:00~오전 9:00)에 PC방을 이용한 경험이 있고, 이 가운데 70%가 PC방 사업자로부터 연령 확인을 받지 않았다고 응답하고 있어 미성년자의 학업지장 및 게임 중독 등의

부작용이 우려됨.
(「음반·비디오물 및 게임물에 관한 법률」상의 연소자는 18세 미만임)
- 연소자 출입시간의 대한 안내문구는 조사 대상 PC방 75곳 中에서 46곳(61.3%)만 부착하고 있음.

　나는 초등학생이 PC방에 가는 것은 옳지 않다고 생각한다.
첫재, PC방은 흡연으로 실내공기가 나빠서 초등학생들의 건강에 부정적 영향을 끼치는 환경이다. 또한 실내 조명이 어두워서 초등학생들의 시력에 문제가 나타날 수 있기 때문이다.
둘째, PC방은 소음이 심한 편이다. 왜냐하면 PC방 이용자들이 게임을 하면서 소리를 지르거나 욕설을 하는 경우가 있기 때문이다. 그리고 오랜 시간 동안 소음에 노출되다보면 자신도 모르는 사이 욕설을 배우게 된다.
셋째, PC방에서는 PC를 사용하기 위해서 많은 전기의 양이 필요하다. 때문에 언제든지 화재가 발생할 수 있다. 그

> 런데 소방시설이 잘 마련되어 있지 않아
> 화재 발생에 대한 대비가 부족하기 때문
> 이다.
> 그러니 여러 위험에 처할 수 있는 PC
> 방보다는 안전한 곳에서 PC를 사용하
> 는 것이 옳다고 생각한다.

선생님이 볼 때 서하의 글은 근거로 제시한 데이터는 충분히 구체적이지만, 데이터를 그대로 인용하느라 오히려 하고 싶은 말을 다 못한 것처럼 보여요. 서하가 이 논술에서 진짜 하고 싶은 말은 '나는 PC방에 안 가는 게 좋다고 생각한다.'인데, 정작 하고 싶은 말보다 다른 사람의 자료를 인용한 게 더 길어진 셈이지요. 이때는 내가 진짜 하고 싶은 말이 무엇인지 생각해 보면서 강조해야 할 부분을 찾아서 더 자세하게 써 주는 게 좋아요. 뒤에서 좀 더 자세하게 살펴볼게요.

글쓰기 고수 되는 스물여덟 걸음

05 나는 찬성한다 VS 반대한다

이미 여러 번 강조했듯이 논술은 주장하는 글이에요. 앞에서 살펴본 2단 글쓰기가 바로 논술의 가장 뼈대가 되는 부분이에요. 물론 논술도 그 속을 들여다보면 여러 가지 종류가 있어요.

어떤 정책이나 다른 사람의 의견에 찬성 또는 반대를 나타내는 찬반 논술이 있고, 자신의 가치관에 비추어 옳은가 그렇지 않은가를 말하는 가치 논술이 있어요. 초등학생이 쓰는 대부분의 논술은 이 2가지 범주 안에 들어가요.

앞에서 예꼬작 서하가 '초등학생이 PC방에 가는 것에 반대한다.'라고 의견을 밝힌 논술을 살펴보았는데, 이번에는 어떤 정책에 찬성하거나 반대하는 논술을 살펴볼게요. 이번 글은 예꼬작 4학년 유나의 글이에요.

유나는 백신 패스라는 정책에 대한 논술을 썼어요. 참고로 백신 패스란 코로나19 초반에는 코로나19 백신을 맞은 사람만 카페나 식당에 드나들 수 있게 했던 정책을 말해요.

> 글쓰기는 냇물에 징검돌을 놓는 것과 같다. 돌이 너무 촘촘히 놓이면 건너는 재미가 없고, 너무 멀게 놓이면 건널 수가 없다.
>
> -이성복

백신패스는 정당한가?

백신패스란 백신접종 완료자는 백신 접종 완료증명서를, 미접종자는 PCR검사 음성확인서를 제시하는 증명서이다.
나는 이 백신패스에 반대한다.
그 이유는 다음과 같다.

첫째, 건강을 생각하며 백신을 안맞거나 임산부여서 백신을 맞지못하는 사람들이 있다.
그러면 이 사람들은 밖에 나가지 못한다.
그리고 백화점이나 마트는 마스크를 벗지않는데 나가지 못하게 하는것은 불공평하다.
마트는 생필품을 사는 곳인데 마트에서 물건을 사지 못하면 생활이 불편해질수 있다.
그래서 나는 백신패스를 반대한다.

둘째, 백신의 부작용이 많이 일어나고 있다.
2021년 12월 12일 미국 식품의약국(FDA)이 발표한 문서에 따르면 보고서에는 코로나19 백신에 대한 약 160,000건의 부작용을 자세히 설명하고 있으며 약 42,000건 심각한 부작용 사례로 서류수집했다고 발표했다. 국내에는 지난달 28일 기준 백신접종 후 이상반응신고는 총 33만 8천 2건이다. 백신도 안전하지 않다는것이다.
그래서 나는 백신 미접종자들에게 백신을 맞으라고 강요하는 백신패스에 반대한다.

셋째, 백신을 맞은 사람들도 코로나에 걸린 사람들이 늘어나고있다.
지난 기일 질병관리청 중앙방역대책본부에 따르면 지난달 31일 기준 국내 접종 완료자 3310만 8428명중 돌파감염이 추정되는 이들은 2만 8293명이다. 접종자 10만명당 85.5명이 돌파감염으로 의심되는것이다.
그래서 나는 백신패스를 반대한다.

반대한다.

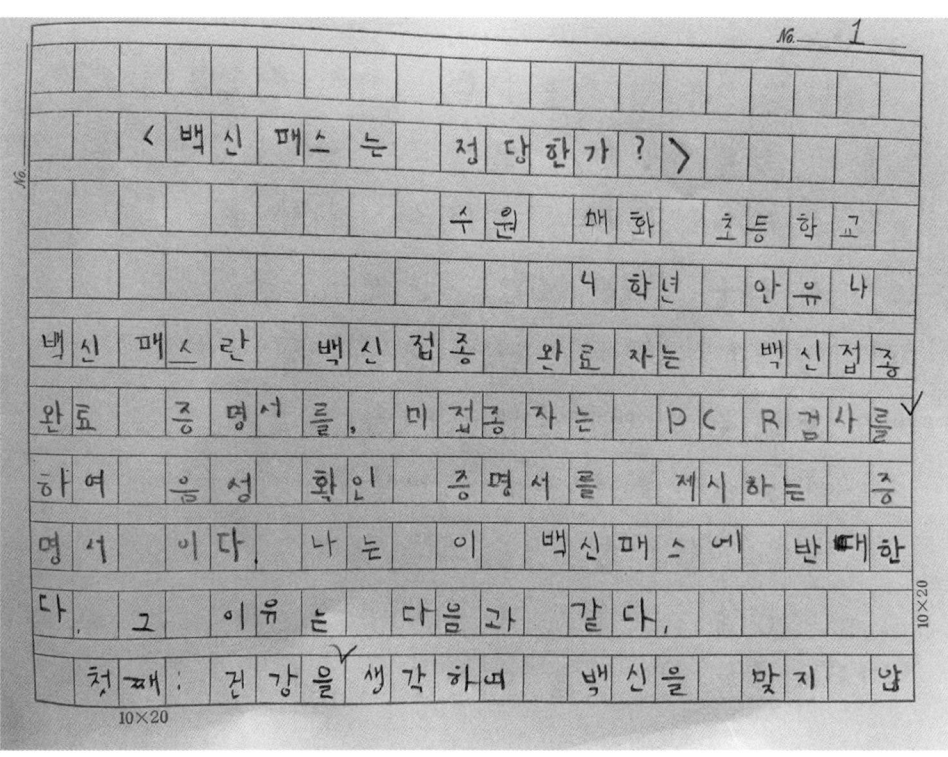

<백신패스는 정당한가?>

수원해화초등학교
4학년 안유나

 백신패스란 백신접종 완료자는 백신접종 완료 증명서를, 미접종자는 PCR검사를 하여 음성확인 증명서를 제시하는 증명서이다. 나는 이 백신패스에 반대한다. 그 이유는 다음과 같다.
 첫째: 건강을 생각하며 백신을 맞지 않

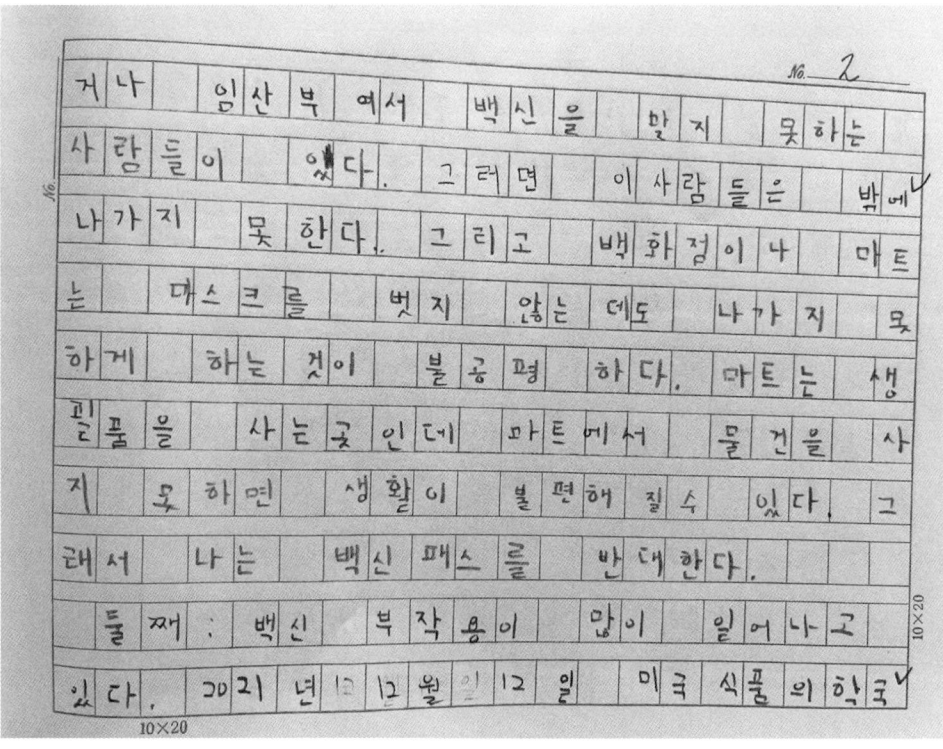

거나 임산부여서 백신을 맞지 못하는 사람들이 있다. 그러면 이 사람들은 밖에 나가지 못한다. 그리고 백화점이나 마트는 마스크를 벗지 않는데도 나가지 못하게 하는 것이 불공평하다. 마트는 생필품을 사는 곳인데 마트에서 물건을 사지 못하면 생활이 불편해질 수 있다. 그래서 나는 백신패스를 반대한다.
 둘째: 백신 부작용이 많이 일어나고 있다. 2021년 12월 12일 미국 식품의학국

(FDA)이 발표한 문서에 따르면 보고서에는 코로나19백신에 대한 약 160,000건의 부작용을 자세히 설명하고 있으며 약 42,000건 심각한 부작용 사례 보고서를 수집 했다고 밝혔다. 또한 국내에는 지난달 28일 기준 백신 접종후 이상 반응 신고는 33만 8천 261건이다. 백신도 안전하지 않다는 것이다. 그래서 나는 백신미접종자들에게 백신을 맞으라고 강요하는 백신 패스를 반대한다.

셋째: 백신을 맞은 사람들도 코로나에 걸린 사람들이 늘어나고 있다. 지난 11일 질병관리청 중앙방역대책본부에 따르면 지난달 31일 기준 국내 접종완료자 3310만 8428명중 돌파감염이 추정되는 사람들은 2만 8293명 이다. 접종자 10만명당 8815명이 돌파감염으로 의심되는 것이다. 이처럼 백신은 맞아도 거의 소용이 없는 경우도 있다. 그래서 나는 백신패스를 반대한다.

예꼬작 유나는 이 글에서 크게 3가지 이유로 백신 패스를 반대한다고 했어요. 여러분도 한 번 찾아볼까요?

> **내가 찾은 근거**
>
> 1. _____
> 2. _____
> 3. _____

유나의 근거는 다음과 같아요.

첫째, 건강을 생각해서 백신을 안 맞거나 임신을 해서 백신을 맞지 못하는 임신부가 있기 때문이다.

둘째, 백신의 부작용이 많기 때문이다.

셋째, 백신을 맞고도 코로나에 걸리는 사람들이 늘어나고 있기 때문이다.

이렇게 3가지 근거를 들어서 백신 패스에 대해 반대했네요. 그럼 유나의 논술을 읽은 호규샘이 첨삭한 내용도 한 번 살펴볼게요.

> **호규샘**
> 우선 논설문 쓰기는 서론-본론-결론으로 글을 씁니다. 서론 1문단, 본론1-본론2-본론3으로 본론 3문단, 결론 1문단의 5문단 글쓰기이지요.
> 서론은 보통 3~4문장으로 완성시킵니다. 저라면 서론을 이렇게 썼을 것 같아요.
> "최근 백신패스가 논란이 되고 있다. 백신피스는 ~이다. 나는 다음과 같은 3가지 이유로 백신패스를 반대한다."
> 이제 본론에서는 다음의 3가지 이유가 나오겠지요. 각 이유마다 한 문단을 써 주면 좋고, 유나의 글처럼 첫째, 둘째, 셋째를 쓰면서 두괄식으로 쓸 겁니다.
> 이어지는 뒷받침문장은 유나가 참 잘 썼어요. 근거가 되는 출처도 잘 밝혔고, 무엇보다 조사를 많이 한 것이 보입니다. 다만 각 본론마다 마지막 문장이 "그래서 나는 반대한다."입니다. 저는 이 부분은 빼도 좋다고 생각합니다. 하나의 짧은 글에서 같은 문장이 반복되는 건 글이 지루해질 수 있는 포인트가 되기도 하고, 무엇보다도 서론에서 이미 반대라는 의견을 밝혔기 때문입니다.
> 반대의 주장으로 이미 본론 1-2-3이 쓰이고 있기 때문에 반대한다는 입장을 안 밝혀도 충분히 반대하는 입장이기 때문에 괜찮습니다. 없어도 되는 내용은 과감히 삭제해 주세요.

그리고 마지막으로 결론으로 정리를 하면 좋습니다. 결론은 본론에서 했던 내용 중 핵심 내용을 모아서 마무리하여도 좋고, 정리되는 말을 하여도 좋습니다. 저라면 간단하게 3~4줄로 마무리할 것 같습니다.
전체적으로는 글이 잘 읽힙니다. 또 문단 간의 분량도 적절해 보이고 내용도 좋습니다.

호규샘은 서론을 깔끔하게 정리하는 문단으로 시작하고, 결론 역시 함께 정리해서 마무리를 잘 짓는 게 좋겠다고 조언해 주셨어요. 같은 문장이 반복되는 '그래서 나는 반대한다.'는 빼도 좋겠다고도 해 주셨고요.

유나는 호규샘의 첨삭 이후에 어떻게 글을 고쳤을까요?

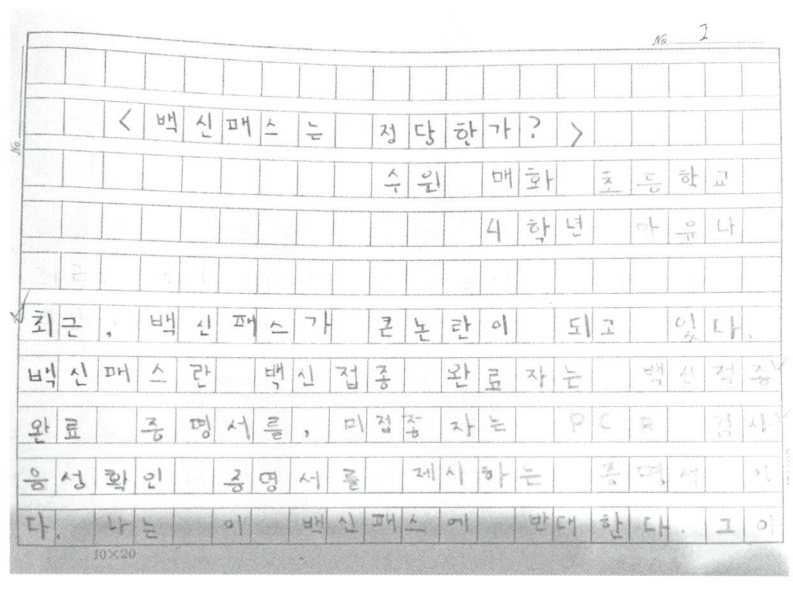

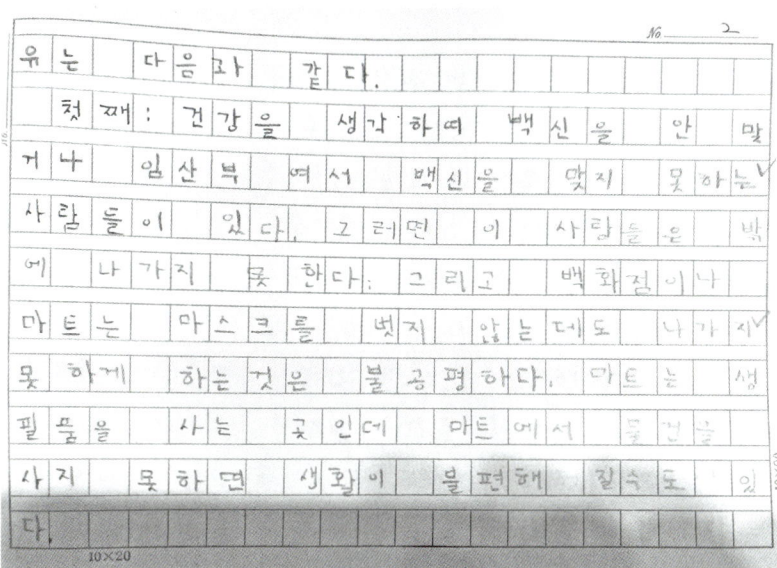

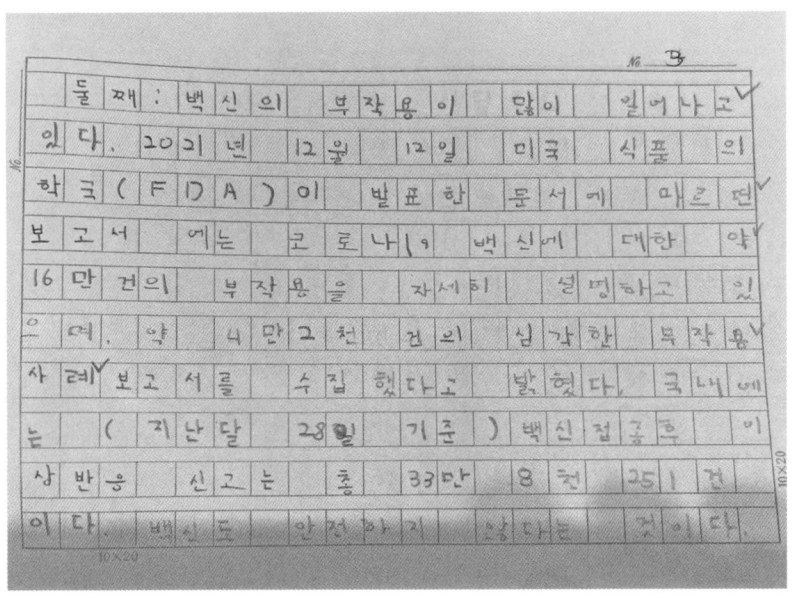

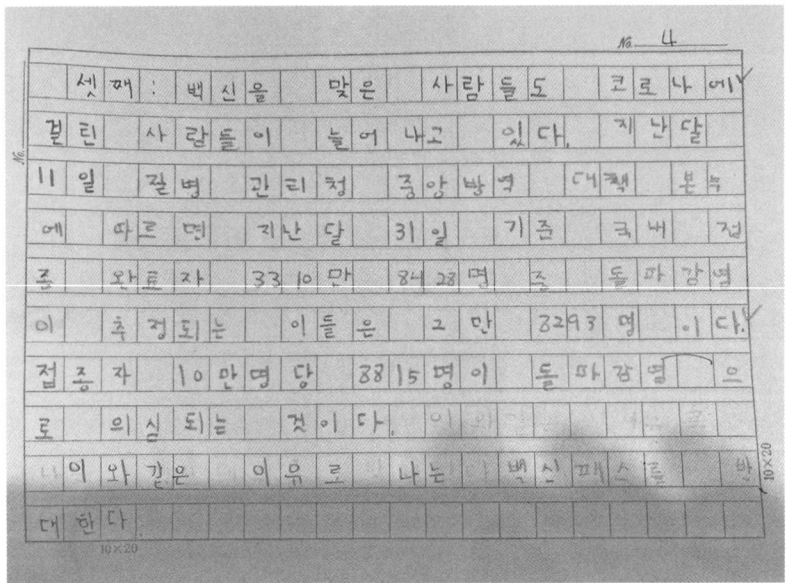

글이 훨씬 깔끔해진 게 눈에 띄지요? 호규샘의 조언 이후에 서론과 결론이 간결해졌어요. 이렇듯 논술은 분량이 길지 않아도 할 말을 정확하고 구체적으로 콕 짚어서 하는 게 더 중요해요.

이제 스스로 다양한 논제를 찾아보세요. 논제를 찾아보고 여러 번 논술 쓰기를 연습하면 누구나 탄탄하고 논리적인 글을 쓸 수 있답니다. 뒤에서 함께 연습해 볼게요.

 **나도 작가가 될래요.**

내가 만들고 내가 써 보는 논술

1. 논제 : 촉법소년은 처벌해야 할까?

나의 주장 :

근거 1

근거 2

근거 3

정리하기

2. 논제 :

나의 주장 :

근거 1

근거 2

근거 3

정리하기

글쓰기 고수 되는 스물아홉 걸음

포스트잇으로 논술 쓰기

다른 예꼬작 친구의 글도 살펴볼게요. 예꼬작 3학년 이태경의 글이에요. 태경이는 예꼬작에서 논술 수업을 들은 뒤에 선생님이 가르쳐준 대로 포스트잇 6장에 먼저 짧은 문장을 썼어요. 이걸 우리가 앞에서 살펴봤던 것처럼 자세하게 늘려 갔어요.

그럼 예꼬작 태경이가 논술을 쓴 순서 그대로 따라가 볼게요. 태경이가 논술을 쓴 순서를 꼭 기억했다가 이대로 따라 써 보세요. 생각보다 훨씬 쉽게 논술을 쓸 수 있답니다.

① 논제 정하기

태경이는 먼저 논제를 정했어요.
태경이가 정한 논제 : 촉법소년, 어리다고 봐줘야 할까요?

② 배경 설명하기

이런 문제가 생기는 배경(서론)을 설명했어요.

③ 내 의견 밝히기

나는 이 문제에 대해 찬성한다 또는 반대한다는 내용을 썼어요.

④ 뒷받침하는 근거 쓰기

나의 주장을 뒷받침하기 위해 주장 1, 주장 2, 주장 3으로 나눠서 각각 포스트잇에 썼어요.

⑤ 요약하기

마지막으로는 앞의 내용을 짧게 요약해서 결론을 썼어요.

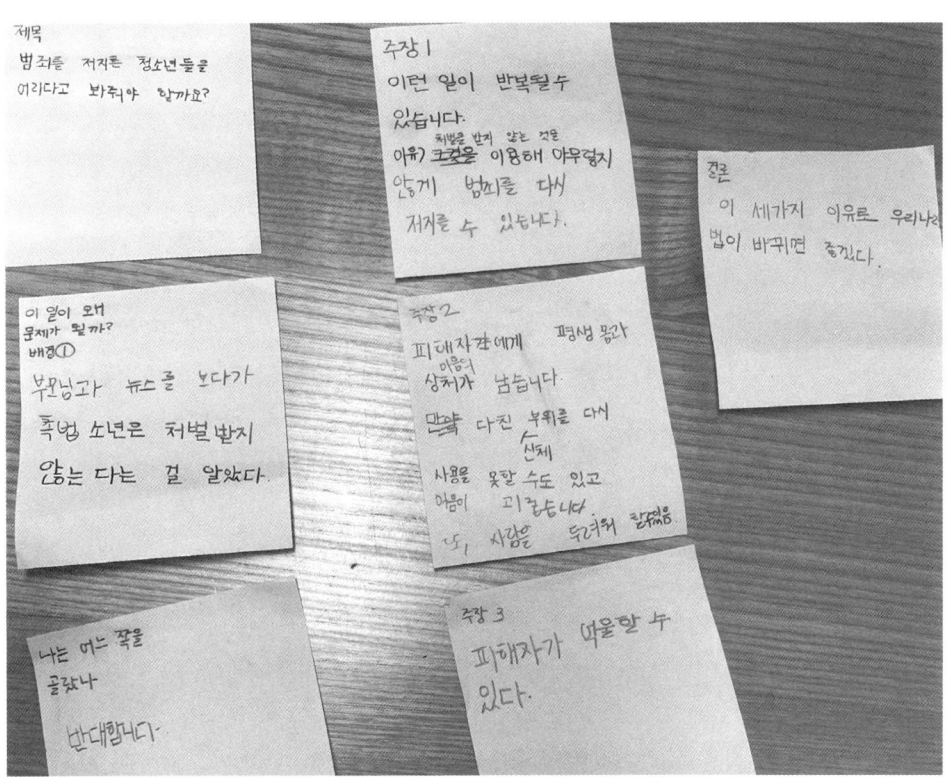

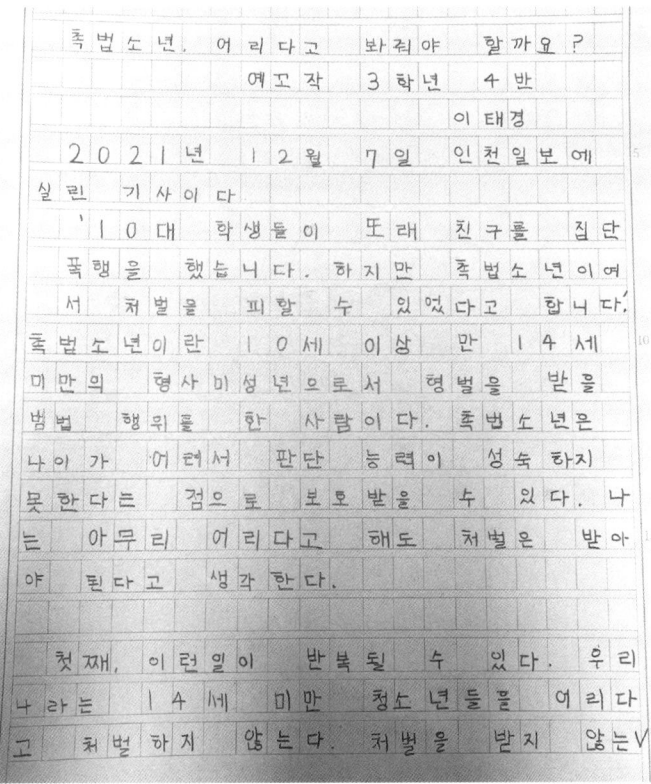

마구잡이 동물살상 이대로 괜찮을까?

강우찬

나는 논술을 쓸 주제를 찾고 있었다. 그런데 왠지 재미있을 것 같은 기사가 내 탐지 레이더망에 들어왔다. 그 기사는 국회의원이 공장 폐수 오염도 동물실험을 했다는 내용이었다. 그 결과로 금붕어가 죽었다고 한다. 원래 나는 인류를 위해 동물실험에 찬성했었지만 난 그 기사를 보고 생각했다. '실험을 하는데 동물들의 희생이 꼭 필요할까?'. 이 생각과 아래의 세가지 이유 때문에 나는 동물 생체실험에 반대하게 됐다.

첫째, 동물실험은 동물권 침해이며, 수많은 무고한 생명을 앗아가는 행위이다. 농림축산 검역 본부의 '동물실험 실태보

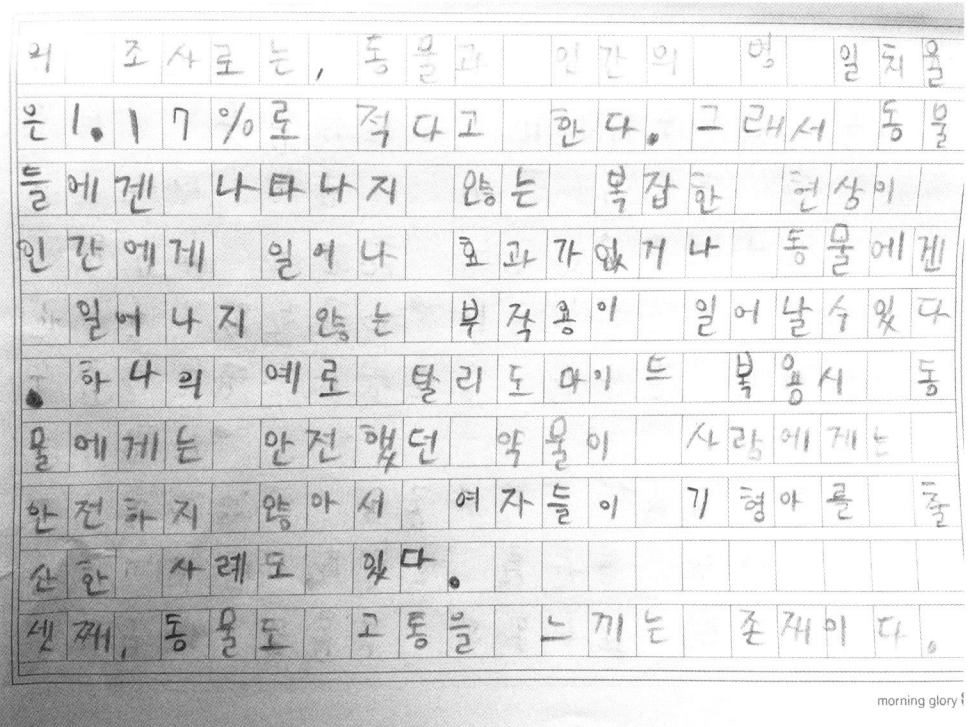

위 조사로는, 동물과 인간의 명 일치율은 1.17%로 적다고 한다. 그래서 동물들에겐 나타나지 않는 복잡한 현상이 인간에게 일어나 효과가 없거나 동물에겐 일어나지 않는 부작용이 일어날 수 있다. 하나의 예로 탈리도마이드 복용시 동물에게는 안전했던 약물이 사람에게는 안전하지 않아서 여자들이 기형아를 출산한 사례도 있다.
셋째, 동물도 고통을 느끼는 존재이다.

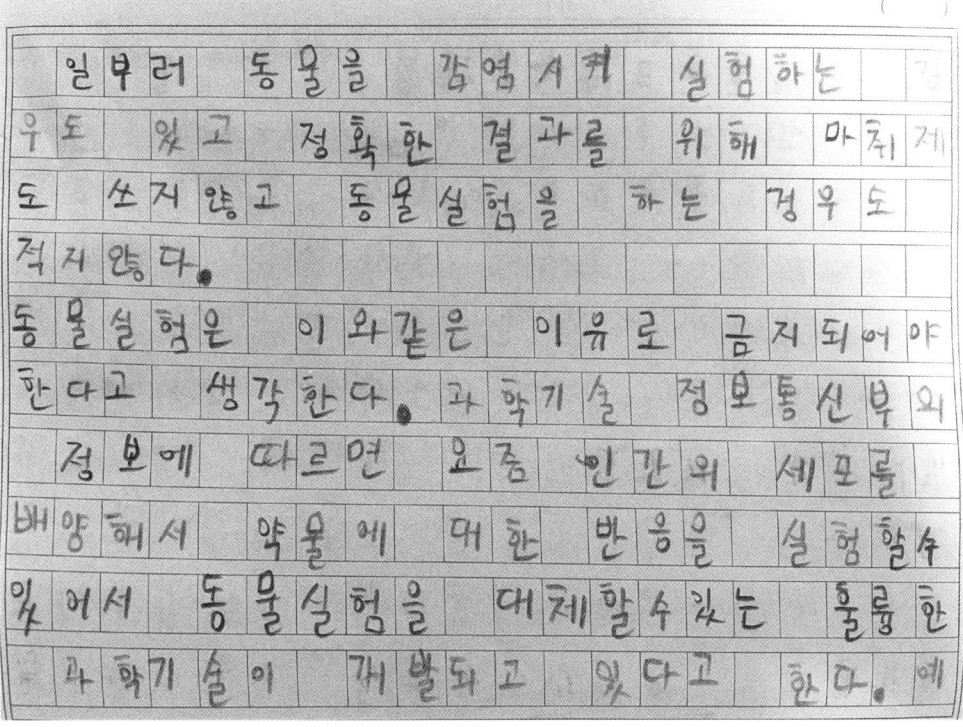

일부러 동물을 감염시켜 실험하는 경우도 있고 정확한 결과를 위해 마취제도 쓰지 않고 동물실험을 하는 경우도 적지 않다.
동물실험은 이와같은 이유로 금지되어야 한다고 생각한다. 과학기술 정보통신부의 정보에 따르면 요즘 인간의 세포를 배양해서 약물에 대한 반응을 실험할 수 있어서 동물실험을 대체할 수 있는 훌륭한 과학기술이 개발되고 있다고 한다. 예

를 들어 실제 사람의 눈처럼 눈물샘과 눈꺼풀까지 재현한 눈정의 개발이 완료되었다. 또 줄기세포를 이용한 기술도 개발됐다. 동물이 아닌 요소가 불필요한 동물실험을 대체할 수 있도록 노력해야 한다.

6장

고쳐쓰기로
독후감 고수 되기

글쓰기 고수 되는 서른 걸음

01 세종대왕도 독후감을 썼다고요?

독후감을 매일 두 편씩 쓴다고 하는 5학년 어린이가 있었어요. 선생님이 물었어요.

"정말? 독후감을 왜 매일 쓰니?"

그랬더니 아이가 말했어요.

"엄마가 쓰래요. 매일 두 편씩."

선생님은 이 어린이가 쓴 독후감이 정말 궁금했어요. 과연 어떻게 쓰고 있을까 하고 말이에요. 궁금해서 독후감 써 온 걸 살펴보았는데, 세상에나 글씨며 글이며 할 것 없이 모두 엉망이었어요.

선생님이 앞에서 이야기했듯이 글은 매일 쓴다고 해서 늘지 않아요. 글은 여러 번 고치는 과정에서 많이 생각하고 고민하면서 서서히 늘어요. 눈에 띄게 확 느는 것도 아니고, 어느 순간 보면 쑤욱 늘어 있죠.

하지만 매일 너무 많은 글을 써야 한다면 글이 제대로 늘 수가 없어요. 오히려 팔만 아프고 귀찮지요. 선생님은 예꼬작 어린이들이 그런 고달프고 힘든 독후감 말고 재미있고 알찬 독후감을 썼으면 좋겠어요.

독후감은 자유 글쓰기이기 때문에 생각보다 쓰기가 쉽지 않아요. 선생님은 잘 쓴 독후감을 본 적이 별로 없어요. 좋은 독후감을 쓰려면 적어도 똑같은 책을 열 번은 읽어야 해요. 같은 책을 여러 번 읽다 보면 작가가 하려는 말이 무엇이고, 어떤 생각으로 썼는지가 하나씩 드러나거든요. 수박 겉핥기 식으로 대충 읽고 쓰는 독후감하고는 차원이 달라요.

선생님은 우리 민족에게 한글이라는 귀중한 문자를 만들어 준 세종대왕을 늘 존경해요. 세종대왕은 한글을 만들어 낼 정도로 똑똑하고 영리한 왕이었어요. 그런 세종대왕은 책을 어떻게 읽었을까요?

세종대왕은 똑같은 책을 백 번 읽고 백 번 베껴 썼다고 해요. 세종대왕이 할 일이 없고 심심해서 그랬을까요? 아니에요. 좋은 책은 그만큼 여러 번 곱씹으며 읽어야 내 것으로 만들 수 있고, 좋은 책은 베껴서 쓸 정도로 귀하게 여기는 마음이 있어야 좋은 독후감도 쓸 수 있어요. 선생님은 우리 예꼬작이 세종대왕이 했던 것과 같은 방식으로 책을 읽고 독후감을 쓰게 되면 좋겠어요.

예꼬작 어린이들, 선생님이랑 약속해요. 앞으로 독후감을 쓸 때는 적어도 똑같은 책을 열 번은 읽고 쓰기로 말이에요. 그렇지 않은 책이라면 아쉬움 없이 손에서 내려놓고, 많이 읽어 봤고 진짜로 아끼고 좋아하는 책으로 독후감을 써 보세요. 그럼 할 말도 많고, 내용도 풍부한 독후감을 쓸 수 있을 거예요.

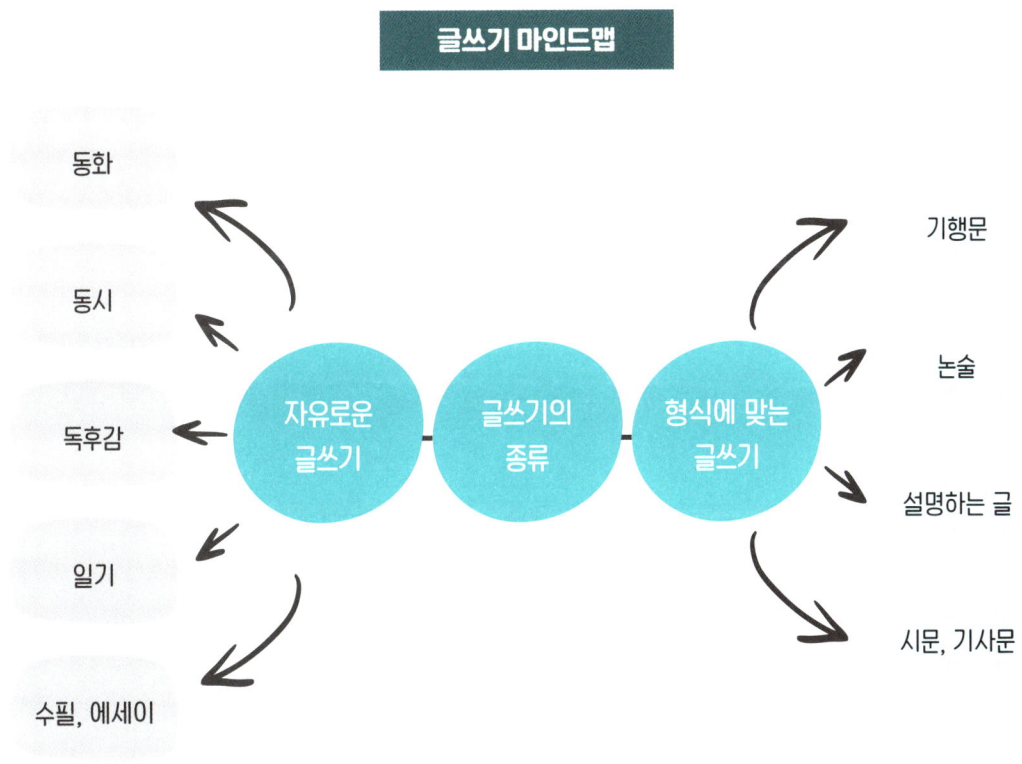

글쓰기 고수 되는 서른한 걸음

독후감에 꼭 들어가야 할 6가지 키워드 1

앞에서 논술에 꼭 들어가야 할 여러 가지 키워드가 있다고 했지요? 논술은 서론, 본론, 결론이라는 3단 구조여야 하고, 주장에는 논리적이고 구체적인 근거를 반드시 제시해야만 한다고 했어요. 다 기억하지요?

이번에는 독후감을 쓸 때 기억해야 할 6가지를 알아볼게요. 이 6가지는 선생님이 독후감을 쓸 때도 반드시 집어넣는 중요한 키워드들이에요. 이것만 잘 기억하고 있어도 꽤 수준 높은 독후감을 쓸 수 있어요. 그중 3가지를 먼저 살펴볼게요.

첫째, 등장인물을 눈여겨봐야 해요.

등장인물은 이야기를 이끌어 가는 인물을 말해요. 주인공과 그와 함께 하는 여러 인물이지요. 이야기에서 큰 역할을 하진 않지만 빠져서는 안 되는 소중한 인물들도 있어요. 이 인물에 대한 성격이나 행동, 자주 하는 말이나 생각을 짚어 주는 내용이 들어가야 해요.

예를 들면 콩쥐팥쥐에서는 콩쥐와 팥쥐, 그리고 팥쥐의 어머니인 새어머니가 이야기의 가장 중요한 등장인물이에요. 이들 인물에 대한 성격과 생김새, 대사 등을 눈여겨봐야만 독후감을 쓸 수 있어요.

둘째, 왜 이런 일이 일어났는지 배경을 살펴봐야 해요.

모든 이야기는 시간적인 배경, 공간적인 배경에서 일어나요. 시간적인 배경은 이야기가 언제 일어난 것인지, 아침인지 밤인지, 옛날인지 지금인지 등을 살펴보는 것을 말해요.

공간적인 배경은 이야기가 어디에서 일어난 것인지를 말해요. 학교에서 일어난 일인지, 집에서 일어난 일인지, 판타지 세계에서 일어난 일인지, 실험실에서 일어난 일인지 등을 살펴보는 것이지요.

예를 들어볼게요. 해리포터는 우리가 사는 평범한 세상에서 마법사들이 사는 세상으로 이동하면서 이야기가 본격적으로 시작돼요. 호그와트 마법학교라는 일상에서는 찾아볼 수 없는 매우 독특하고 재미있는 공간에서 벌어지는 이야기예요. 이 호그와트 마법학교라는 공간적 배경을 빼놓으면 이야기를 설명할 수가 없어요.

셋째, 줄거리를 정리해야 해요.

줄거리는 이래서 이렇게 됐다, 이런 식으로 짧게 요약한 내용을 말해요. 짧게 요약할 때는 꼭 필요한 이야기 말고는 모두 압축해야 해요. 줄거리는 300자 이내로 요약하면 괜찮아요.

이때도 막연하게 쓰지 말고, 육하원칙을 활용해서 써 보세요. 이를테면 주인공은 어떤 사람이고(누가), 주인공에게 어떤 일이 벌어졌는지(어떻게), 왜 벌어졌는지(왜), 언제 벌어진 이야기인지(언제), 어디에서 벌어진 이야기(어디에서)인지 생각하면서 쓰는 거예요. 이렇게 요약하면 아무리 긴 이야기여도 중요한 정보를 빠뜨리지 않고 잘 요약할 수 있어요.

예를 들면 이런 식이에요.

옛날에 (언제)
홍부와 놀부 형제가 (누가) 살았다.
홍부는 착하고 마음씨가 좋았고 놀부는 심술궂고 못됐다. 홍부는 아이가 많고 가난하고 배가 자주 고팠다. 놀부는 부자였지만, 욕심이 많아서 홍부에게 아무것도 나눠 주지 않았다. (등장인물 소개)
홍부는 어느 날 제비 다리를 고쳐 주고, 제비는 다음 해에 박씨를 물어다 준다. 박에서 보물이 쏟아져 나와서 홍부는 부자가 된다. 이걸 부러워한 놀부는 제비 다리를 일부러 부러뜨린 다음 고쳐 주어서 박씨를 받게 된다. 하지만 놀부의 박에서는 보물 대신 똥물과 도깨비가 튀어나와서 혼내 준다. (등장인물에게 무슨 일이 생겼나?) (279자)

어때요? 이렇게 쓰면 긴 이야기도 짧게 줄일 수가 있지요? 원리를 알고 나면 길고 두꺼운 책의 줄거리를 쓰는 것도 전혀 어렵지 않아요. 지금까지 이렇게 잘 쓰지 못했던 건 요령을 몰랐기 때문이에요. 여러 번 연습해 봐야 해요.

글쓰기 고수 되는 서른두 걸음

독후감에 꼭 들어가야 할 6가지 키워드 2

앞에서 독후감에 꼭 들어가야 할 6가지 키워드 중 3가지를 살펴보았어요. 남은 3가지도 마저 살펴볼게요.

첫째, 황금문장이에요.

작가가 꼭 이야기하고 싶은, 가장 중요하고 핵심이 되는 부분을 찾아서 인용하는 거예요. 이 황금문장을 찾아내는 것은 사람마다 다를 수 있어서 독서토론 거리로 써도 아주 좋아요. 이 황금문장은 중요하니까 뒤에서 다시 설명할게요.

둘째, 이 책을 읽은 느낌이에요.

느낌이라는 건 정말로 사람마다 다 다를 수 있어요. 어떤 사람은 눈물을 펑펑 흘리면서 읽지만, 어떤 사람은 하품하면서 읽을 수 있어요. 사람마다 다 다르게 느끼는 건 사람마다 경험하는 것, 알고 이해하는 것, 중요하게 생각하는 것들이 모두 달라서 그래요.

이렇게 사람마다 느낌이 다르기 때문에 자신의 느낌이 어떠했는지 설명해 주는 것은 될 수 있으면 자세한 게 좋아요. 나는 이 부분을 읽을 때 어떤 느낌이 들었다. 왜냐하면 어떠했기 때문이다처럼 자세하게 써 주는 게 좋은 것이죠.

셋째, 새로 알게 된 것, 더 궁금한 것이에요.

책은 읽으면서 새롭게 알게 되는 것들이 있어요. 몰랐던 지식도 쌓이고, 궁금했던 것이 해소가 되기도 하고, 다양한 문제를 해결하는 방법도 배우지요. 이렇게 책을 읽고 알게 되는 것들이 생겨나는 것과 동시에 이것 말고 또 다른 건 없을까, 하고 생각하는 것들이 있어요. 독후감에 바로 이 부분들을 써 주는 거예요.

나는 이 책을 읽으면서 ○○○을 알게 되었다. 그것 말고 △△△은 어떨까, 하고 생각하게 되었다. 그 부분을 더 알고 싶다.

이런 식으로 적는 것이에요.

 **나도 작가가 될래요.**

독후감에 들어가야 할 6가지 키워드를 마인드맵으로 정리해 보세요.

글쓰기 고수 되는 서른세 걸음

04 독후감도 고쳐 써야 한다

좋은 글을 쓰기 위해 몇 번이고 고쳐 써야 하듯이 독후감도 여러 번 고쳐 써야 해요. 예꼬작 친구들은 어떻게 독후감을 썼을지 살펴볼까요?

```
                                                    NO.  1
 독후감

     "엄마  장화홍련전  읽을까?"
     "안  무섭나?"
     "안  무서워"
     "그럼  읽어"
     장화홍련전을  읽었다.  예전에는  무서
 워서  안  읽었지만  이번에  용기  내서
 읽었다.
     징화홍련전의  주인공은  장화,  홍련,  허
 씨이다.
     이  책은  장화와  홍련의  어머니  장씨
 가  죽었다.  그리고  장화와  홍련이  새어
 머니  허씨의  모진  구박을  받는다.  그
 다음,  장화가  깊은  강에  몸을  던진다.
 홍련은  장화가  죽었다는  소식을  듣고
 병들어  눕는다.  홍련은  어느날  밤  어둠
 속에서  파랑새를  본다.  홍련은  홀린
 듯이  파랑새를  따라간다.  언니가  죽은
 곳에  도착한  홍련은  언니의  곁에서  하
```

늘로 떠난다. 장화와 홍련은 영혼이 되어 떠돌다가 원님을 만나 원한을 푼다. 그리고 하늘로 올라가 또 다른 새어머니 윤씨와 아버지 배좌수의 자식으로 새롭게 태어난다는 이야기다.

내가 장화홍련전에서 가장 마음에 든 장면은 허씨가 쥐를 잡아서 껍질을 벗기는 장면이다. 왜냐하면 껍질 벗겨진 쥐가 어떤 모습인지 궁금하기도 하고, 허씨가 너무 잔인한 것 같았기 때문이다.

장화홍련전에서 가장 마음에 드는 문장은 '사람이 짐승의 짓을 하면 짐승이 되는 법이고, 그 짐승은 또 다른 짐승에게 해를 당하는 법이었지.'이다. 왜냐하면 자기가 남에게 해코지를 하면 자기가 남에게 해코지를 당할 수 있다는 뜻이 담겨 있는 것 같기 때문이다.

다음에 또 읽을 것이다.

〈독후감〉

세 어머니와 장화홍련
'장화홍련전'을 읽고

서울 공연 초등학교
4학년 유영진

"엄마 이제 귀신의 집도 가봤으니까 장화홍련전 읽을까?"
"이젠 읽어도 안 무섭겠어?"
"안 무서울 것 같아."
"그럼 읽어봐."
 2학년 때 장화홍련전이 들어있는 고전 시리즈를 샀다. 하지만 장화홍련전은 내가 무서워 할 것 같다고 엄마가 나중에 읽으라고 하셨다. 이번에 책을 정리하다가 갑자기 읽어보고 싶어졌다. 그래서 읽게 되었다.
 장화홍련전의 주인공은 언니 장화, 동생 홍련, 새어머니 허씨이다.

장화와 홍련의 친어머니 장씨가 병들어 죽었다. 장화와 홍련의 아버지인 배좌수는 아들을 낳고 싶어서 허씨와 재혼을 한다. 성길이 고약한 허씨는 자기가 낳은 아들들만 좋아하고 장화와 홍련은 싫어했다. 그래서 배좌수에게 장화가 유산을 했다고 거짓말을 한다. 그 말을 들은 배좌수는 집안 망신이 걱정됐다. 그래서 허씨와 아들 장쇠를 시켜 장화를 연못에 빠뜨려서 죽인다. 언니가 죽었다는 것을 알게 된 홍련은 병들어 눕는다. 어느날 밤 홍련의 눈에 파랑새가 보였다. 홍련은 파랑새를 따라가서 언니가 죽은 곳에 도착한다. 홍련은 언니를 부르며 따라 죽는다. 죽은 장화와 홍련은 원님을 찾아가서 자초지종을 설명한다. 사실을 알게 된 원님은 허씨를 벌한다. 그러자 장화와 홍련은 원한을 풀고 하늘로 올라간다. 장화와 홍련을 가엾게 여긴 하늘이 아버지 배좌수와 또 다른 새어머니 윤씨의 자식으로 환생시켜준다. 배좌수와 윤씨는 아기들의 얼굴이 장화와 홍련이 어렸을 때와 똑같은 것을 보고 장화, 홍련이라는 똑같은 이름을 지어준다.
　이 책에서 가장 기억에 남았던 장면은 쥐씨가 쥐를 잡아서 껍질을 벗기는 장면이다. 껍질 벗겨진 쥐가 어떤 모습인지 궁금하기도 하고, 쥐씨가 너무 잔인하다는 생각이 들었기 때문이다.
　장화홍련전에서 가장 마음에 드는 문장은 '사람이 짐승의 짓을 하면 짐승이 되는 법이고 그 짐승은 또 다른 짐승에게 해를 당하는 법이란게.'이다. 왜냐하면 자기가 남에게 해코지를 하면 자기도 남에게 해코지를 당할 수 있다는 뜻이 담겨 있는 것 같기 때문이다.
　나는 이 책을 읽고 남에게 해코지를 하면 절대 안된다고 생각했다. 내가 한

일은 언젠가 나에게 되돌아온다는 것을 깨달았기 때문이다.

예꼬작 4학년 영진이가 쓴 글이에요. 이 글은 선생님이 직접 첨삭했어요. 어떤 부분을 조언했는지 살펴볼게요.

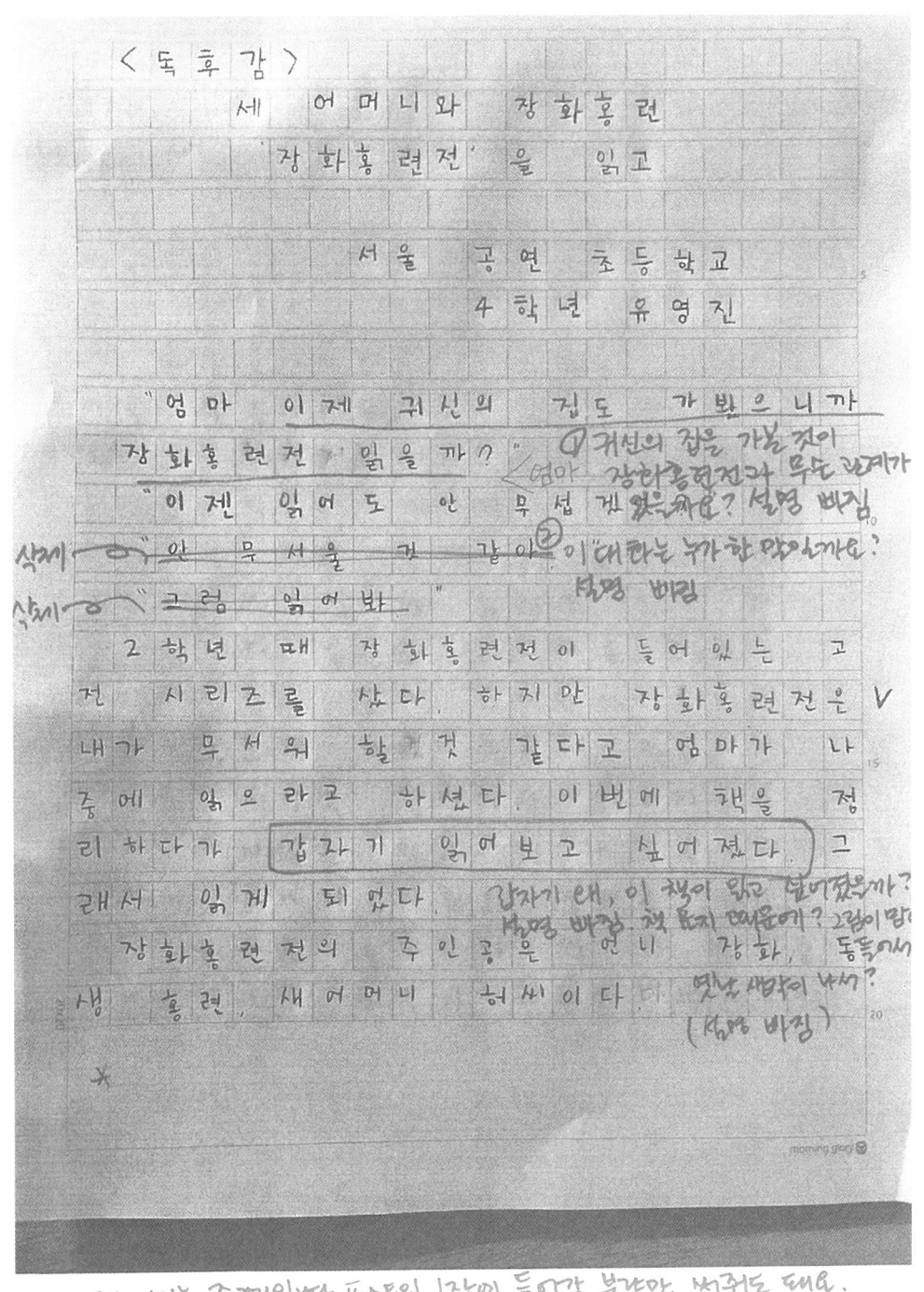

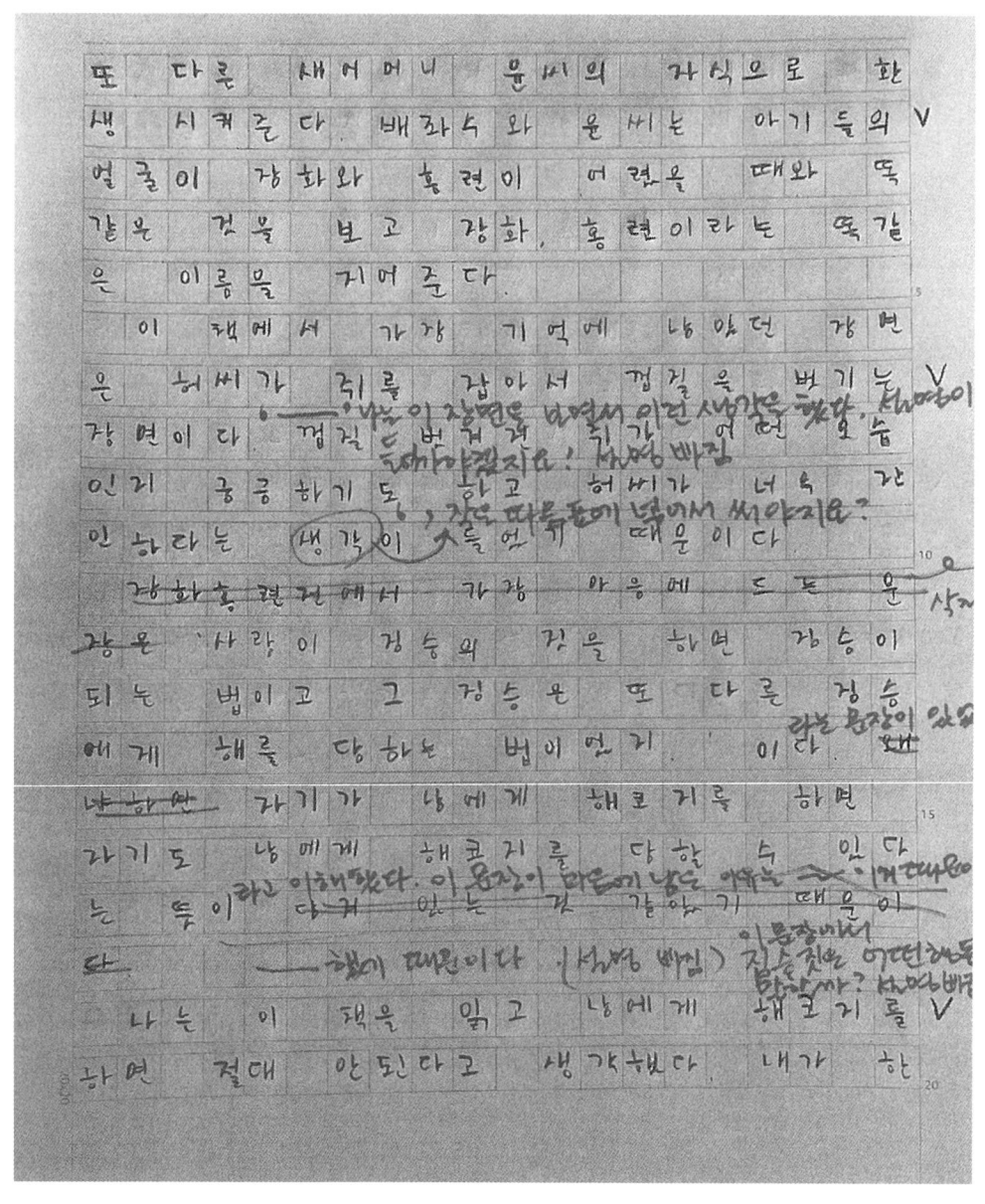

선생님은 직접 원고지에 첨삭했어요. 예꼬작 영진이가 이 첨삭 이후에 어떻게 글을 고쳤는지 살펴볼게요.

〈독후감〉

억울한 누명
- '장화홍련전'을 읽고

서울 공연 초등학교
4학년 유영진

"엄마 이제 귀신 안 무서우니까 장화홍련전 읽어볼까?"
책을 정리하던 엄마가 뒤를 돌아보며 대답하셨다.
"이제는 읽어도 무섭지 않겠어?"
2학년 때 장화홍련전이 들어있는 고전 시리즈를 샀다. 하지만 장화홍련전은 내가 무서워 할 것 같다고 엄마가 나중에 읽으라고 하셨다. 내가 그때 당시에 귀신을 무서워했기 때문이다.
이번에 책을 정리하다가 나보다 겁이 더 많은 친구도 재밌게 읽었다는 말을 들었다. 그 말을 들으니 나도 읽어보고 싶어졌다. 그래서 읽게 되었다.

　장화홍련전의 주인공은 언니 장화, 동생 홍련, 새어머니 허씨이다.

　장화와 홍련은 새어머니 허씨의 모함을 받고 억울하게 죽게 된다. 하지만 원님의 도움을 받아 한을 풀고 다시 태어난다는 이야기다.

　허씨가 쥐를 잡아서 껍질을 벗기는 장면'을 읽을 때는 '껍질 벗겨진 쥐는 어떤 모습일까?', '껍질 벗긴 쥐로 무엇을 하려는 것일까?' 징그러우면서도 흥미진진했다.

　짐승들은 자기의 이익을 위해서 다른 짐승을 죽인다. 하지만 사람은 그러면 안된다고 생각한다. 사람은 짐승과 달리 옳고 그름을 따질 줄 알아야 하기 때문이다. '사람이 짐승의 짓을 하면 짐승이 되는 법이고 그 짐승은 또 다른 짐승에게 해를 당하는 법이었지.' 이 문장이 장화홍련전이 주는 교훈이라고

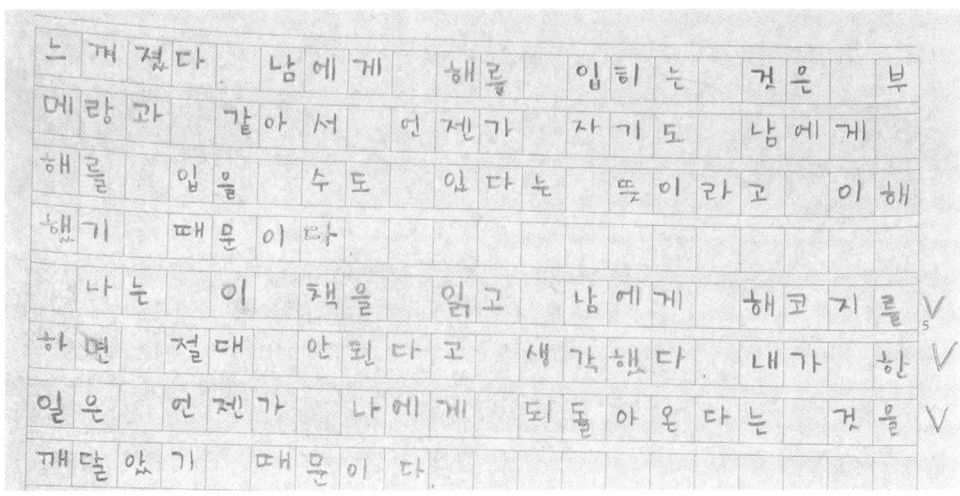

아직 영진이는 이 글이 마음에 안 든다고 했어요. 선생님이 다시 조언해 준 내용도 살펴볼게요.

성효샘
개인적으로는 이 독후감이 무척 흥미롭고 재미있었습니다. 영진이나 엄마가 느끼는 것처럼 이 글이 어색한 이유는 앞의 두 장 때문이에요. 시작은 괜찮은데 이어지는 게 어색하기 때문이죠. 엄마랑 주고받은 다음에 이어주는 말이 하나 빠졌죠?
"무섭지 않겠어?"
… 이다음에 응?? 뭐지? 하는 생각이 딱 들거든요. 영진이가 쓴 그 다음 문장들이 좀 더 매끄럽게 흘러갔으면 더 자연스럽게 이해되겠죠.
예를 들면
"나는 곰곰이 생각해봤다. 2학년 때만 해도 장화홍련은 정말 무서운 책이었다. 눈을 감으면 처녀귀신들이 나올 것 같아서 무서웠기 때문이다."
이런 식으로 몇 문장을 붙여 주었으면 흐름이 더 자연스럽게 이어졌겠죠.
이 책의 핵심은 '교훈'입니다. 전래동화는 교훈을 주기 위한 책이거든요. 즉 이 책의 독후감은 '장화홍련을 읽고 내가 얻은 교훈'을 포인트로 써야 하는 글입니다. 영진이는 이 교훈을 3장에서 아주 정확하게 짚어 줬죠. 즉 영진이가 쓴 이 독후감은 앞의 살짝 어색한 부분을 빼면 아주 잘 쓴 글입니다.
다만, 영진이가 느낀 이 교훈 부분을 자신의 삶에 대입했다면 어땠을까 싶어요. 내가 이해한 것은 이것이다에서 끝나지 않고 예를 들면,

내가 어릴 때 엄마는 이런 말씀을 해 주셨다.
"영진아, 사람은 자기가 한 일을 부메랑처럼 받아. 그러니까 남에게 항상 친절해야 돼."
장화홍련도 그랬던 것처럼 남에게 나쁜 일을 하면 나도 언젠가 그런 나쁜 일을 겪을 수 있다. 이번 장화홍련전 책을 읽으면서도 남에게 해코지하는 일을 하지 말아야 한다고 생각했다.

이렇게 조금 더 자세하게 풀어 줬으면 어땠을까요? 교훈이 포인트가 되어야 하는 글이니 교훈에 포인트를 주

는 글을 쓰는 것이죠. 이건 쓸수록 감으로 와 닿습니다. 아, 이 책은 교훈, 이건 등장인물, 이건 줄거리 하는 식으로요.

또한 원고지를 쓸 땐 작은따옴표나 큰따옴표나 똑같이 쓴다고 생각하면 됩니다. 따옴표 쓸 때 줄을 바꿔 주는 것만 잘 기억하면 됩니다.

'껍질 벗긴 쥐는 어떤 모습일까?'
궁금했다. (이런 식으로요.)

전래동화는 교훈이 핵심이 되는 이야기예요. 보통은 착한 사람은 상을 받고, 나쁜 사람은 벌을 받는다는 게 전래동화의 핵심이고, 황금문장이 드러나는 부분이지요. 그렇기 때문에 이런 부분을 강조해서 독후감을 쓰지 않으면 어딘가 허전하고 심심한 글이 돼요. 선생님이 영진이에게 해 준 조언이 바로 그런 내용이었어요.

 **나도 작가가 될래요.**

좋아하는 책으로 독후감을 써 보세요. 단, 앞에서 배운 6가지 키워드가 들어가야 한다는 것을 잊지 마세요.

제목 :

글쓰기 고수 되는 서른네 걸음

05 황금문장을 찾아라

작가는 책을 쓸 때 작가가 꼭 하고 싶은 이야기를 담아 내는 장면을 의도적으로 만들어요. 이런 장면에서는 주인공의 말이나 행동을 일부러 강조해서 쓰는데요. 이게 바로 책의 핵심이 되는 부분이에요.

선생님도 동화를 쓸 때 일부러 이런 장면을 배치해요. 이런 장면에서는 독자들이 꼭 알아 줬으면 하는 작가로서 선생님의 마음을 적극적으로 표현해요. 이를테면 주인공의 말과 행동으로 작가의 생각을 표현하기도 하고, 작품 내내 쌓여 왔던 갈등이 눈 녹듯이 해소되는 장면을 쓰기도 해요.

예를 들어볼게요.

선생님은 판타지 동화인 『천년손이 고민해결사무소』 3권 '저승에 가다'에서 주인공 지우가 오래전에 돌아가신 아버지를 저승에서 만나는 장면을 넣었어요. 사실 『천년손이 고민해결사무소』 3권은 선생님이 몇 년 전에 돌아가신 아버지를 그리워하는 마음으로 썼던 책이에요. 선생님이 돌아가신 아버지를 만나고 싶었던 마음을 주인공 지우가 대신 아버지를 만나는 것으로 표현한 것이죠. 어린이 독자들이 이 장면을 읽다가 많이 울었다고 해요.

이건 당연히 선생님이 일부러 집어넣은 장면이에요. 이야기의 모든 초점은 이 한 장면, 지우와 아빠가 만나는 장면을 향해서 흘러가요. 선생님이 책을 쓸 때 어린이 독자들이 이 마음을 잘 이해해 줬으면 좋겠다고 의도하고 쓴 것이에요.

독후감에서는 이런 작가의 바람이 느껴지는 장면을 잘 짚어 내는 게 중요해요. 어떤 책에서는 이런 핵심 장면이 대놓고 드러나지만, 어떤 책에서는 잘 안 드러나기도 해요. 어려운 책일수록 어디가 중요하고 핵심이 되는 장면인지 눈에 잘 안 띄어요. 괜찮아요. 그럴 때는 책을 여러 번 읽어 보면 돼요. 같은 책을 여러 번 읽다 보면 작가의 생각이 저절로 점점 또렷하게 느껴지거든요.

선생님은 작가가 의도적으로 자신의 생각을 표현하려고 한 부분을 황금문장이라고 불러요. 책에서 황금처럼 느껴지는 소중한 부분이니까요. 이건 사람마다 조금씩 다르게 느낄 수 있어요. 어떤 사람은 『흥부와 놀부』를 읽으면서 흥부가 보물을 얻는 장면이 가장 중요하다고 느끼지만, 어떤 사람은 놀부가 혼나는 장면이 가장 중요하다고 느낄 수 있어요.

황금문장을 이야기해 보는 게 왜 중요할까요? 다른 사람과 내가 서로 다르게 느끼는 부분을 이야기 나누면 다른 사람의 생각이 나와 다를 수 있다는 걸 이해할 수 있게 돼요. 그만큼 더 폭넓게 생각할 수 있게 되지요. 쉽게 말해 황금문장을 다른 사람들과 서로 이야기 나눠 보는 것만으로도 생각이 더 깊어지는 소중한 경험을 할 수 있어요. 이걸 다른 말로 독서토론이라고도 해요.

나도 작가가 될래요.

황금문장 찾기

내가 좋아하는 책에서 황금문장을 찾아 소개해 보세요.

책 제목

황금문장

책 제목

황금문장

책 제목

황금문장

글쓰기 고수 되는 서른다섯 걸음

06 내가 만약 기자가 된다면

기자가 되어 독후감을 써 볼까요

기자는 상대를 인터뷰해서 기사를 써요. 책을 읽은 친구가 어떤 걸 느끼고 생각했는지 인터뷰해 보세요. 이 내용을 바탕으로 독후감을 써 보면 전혀 다른 느낌의 독후감이 될 거예요. 아참, 잊지 마세요. 인터뷰할 때도 육하원칙을 기억해서 질문해야 제대로 물어볼 수 있답니다.

기자 : 안녕하세요. 저는 「어린이 독서신문」의 기자 ○○○이라고 합니다. 이번에 어떤 책을 읽었나요?

□□ : 제가 읽은 책은 『심청전』입니다.

기자 : 언제부터 언제까지 읽은 책이었나요?

□□ : 이번 주 월요일부터 화요일까지 읽었어요.

기자 : 왜 심청전을 읽었는지 설명해 주실 수 있나요?

□□ : 도서관에 갔는데, 표지가 눈에 띄었어요. 심청이에 대한 이야기를 들어보긴 했는데, 읽어 본 적이 없어서 읽게 됐습니다.

기자 : 그럼 어디에서 읽었나요?

□□ : 도서관에서 읽다가 교실로 대여해 와서 마저 읽었습니다.

기자 : 누가 『심청전』 주인공인가요?

□□ : 심청이, 심청이의 아버지인 심봉사, 심봉사의 재산을 노리는 뺑덕어멈, 상단의 주인, 동네사람들 등이 있었습니다.

기자 : 책을 읽으면서 무엇을 생각했나요?

□□ : 심청이가 인당수로 팔려 가는데, 만약 나라면 어땠을까 생각해 보았어요.

기자 : 가장 인상 깊었던 장면은 어떤 것이었나요?

> ㅁㅁ: 심청이가 아버지를 부탁한다면서 우는 장면이었습니다.
>
> **기자**: 왜 그렇게 생각했는지 설명해 주세요.
>
> ㅁㅁ: 심청이는 인당수로 가게 되면 다시는 못 돌아올 거라는 걸 알고 있었습니다. 그런데도 용감하게 결정을 내린 것이었습니다. 이 부분을 보여 주는 게 바로 아버지를 부탁한다면서 우는 장면이라고 생각했습니다.

 **나도 작가가 될래요.**

기자처럼 인터뷰하기

내가 인터뷰하고 싶은 사람은 누구인가요?

인터뷰한 내용을 적어 보세요.

1.

2.

3.

인터뷰를 통해 새롭게 알게 되었거나 배운 내용을 적어 보세요.

글쓰기 고수 되는 서른여섯 걸음

07 책과 친구가 되는 독서나무 만들기

독서나무는 선생님이 유튜브 채널에서도 소개한 적이 있어요. 방학 동안 해볼 만한 재미있는 독서 아이템으로 말이에요. 독서나무를 만드는 것은 누구나 금방 따라 해 볼 수 있는 것이니 함께 만들어 볼까요?

① A4용지나 사절지 등을 준비해요.
② 굵은 펜으로 커다란 나무줄기를 그려 줍니다.
③ 나무줄기마다 위인전, 철학, 과학, 역사, 동시, 동화 등 책의 종류를 다양하게 써 주세요.
④ 포스트잇을 나뭇잎 모양으로 오려 주세요.
⑤ 나뭇잎 모양으로 오린 포스트잇에 재미있게 읽은 책의 황금문장을 써 줍니다.
⑥ 황금문장을 쓴 포스트잇을 앞에서 준비한 독서나무에 붙이면 끝!

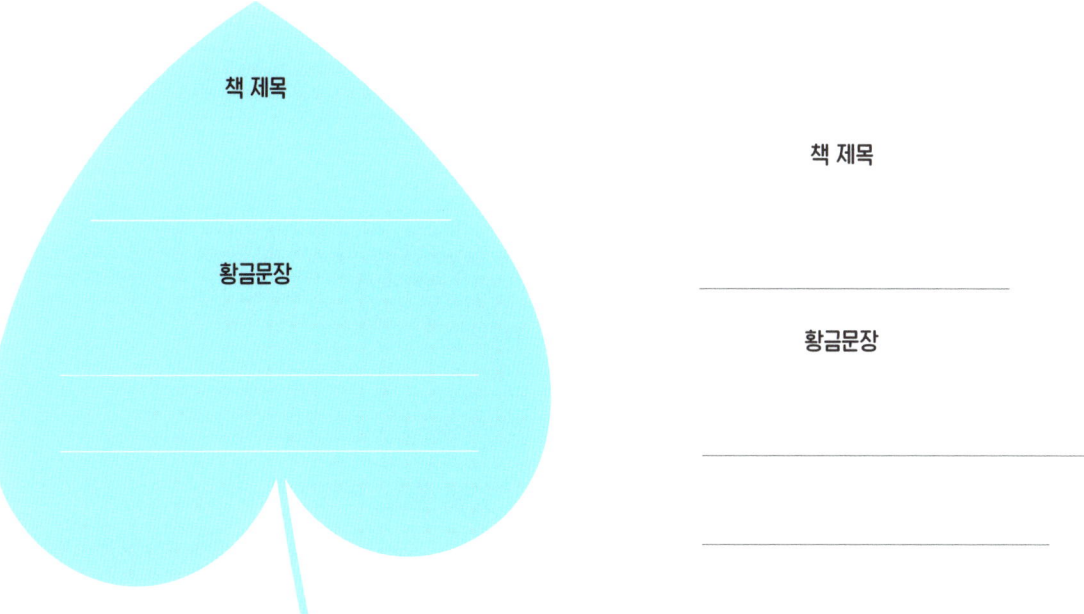

　가정에서 활용할 때는 가족마다 다른 색의 포스트잇을 써 보세요. 예를 들어 언니는 빨간 포스트잇, 동생은 파란 포스트잇처럼 색깔을 구별해서 붙여 주는 거예요. 그럼 누가 책을 더 많이 읽었는지 금방 알 수 있어요.

　교실에서도 우리 반 독서나무를 만들어 보세요. 우리 반만의 풍성하고 멋진 독서나무를 키워 갈 수 있어요.

글쓰기 고수 되는 서른일곱 걸음

라면 글쓰기

웬 라면이냐고요?

이 라면은 먹는 라면이 아니에요. '~라면 어땠을까' 할 때의 라면이에요. 만약 ~한 일이 있었다면 어떻게 됐을까, 하는 그 라면 말이에요.

글쓰기를 연습할 수 있는 다양한 방법이 있지만, 선생님은 이 라면 글쓰기를 적극 추천해요. 라면 글쓰기는 상상하는 글쓰기로 연결해서 연습해 볼 수 있거든요. 선생님은 예꼬작 어린이들에게도 이 상상하는 글쓰기를 마지막 과제로 내주곤 해요.

라면 글쓰기에서는 크게 3가지를 바꾸어서 글을 써 볼 수 있어요.

👣 첫째, 등장인물을 바꾸어 봅니다.

등장인물의 성격이나 생김새, 말투나 행동 등을 바꿔 보는 거예요. 이렇게 등장인물을 바꾸는 것을 인물을 바꾼다고 표현해요.

예를 들어 볼게요. 『흥부와 놀부』에서 흥부는 못된 동생으로, 놀부는 착한 형으로 바꾸는 거예요. 흥부와 놀부가 이렇게 성격이 전혀 다른 인물이 된다면 이야기는 새롭게 달라질 수밖에 없어요.

이걸 상상하면서 글을 쓰는 거예요. 이때도 의성어와 의태어를 넣어 주고, 따옴표를 여러 개 넣으면서 좀 더 실감 나고 풍성한 글을 써야 한다는 걸 잊으면 안 돼요. 육하원칙에 맞게 제대로 정보를 모두 넣고 있는지도 꼭 기억해야 해요.

👣 둘째, 이야기가 벌어지는 시간대를 바꾸어 봅니다.

이야기가 벌어지는 시간대가 달라지면 어떤 일이 벌어질지 상상해 보는 거예요. 예를 들면 심청이가 현재인 2023년을 살아가야 한다면 어떤 일이 벌어질까요? 분명히 아직 미성년자인 심청이가 아버지를 떠나서 인당수로 가는 게 과연 좋은 선택인가 하는 문제가 있겠지요.

또 다른 대안은 없는가 고민할 수밖에 없을 거고요.

그렇다면 『심청전』은 전혀 다른 이야기가 될 거예요. 단순하게 효도를 하기 위해 인당수에 빠져 죽는 심청이가 아니라 집안을 일으키고 아버지를 돌보기 위한 여러 가지 대안을 적극적으로 찾아 나서는 좀 더 씩씩하고 용감한 심청이가 될 테니까요. 이렇게 이야기가 벌어지는 시간적 배경을 바꿔서 이야기를 써 보는 거예요.

셋째, 이야기가 벌어지는 공간적 배경을 바꿔 봅니다.

이야기는 장소가 있어야만 진행이 돼요. 돈키호테가 집에서 나와 산초와 모험을 떠나는 것을 떠올려 보세요. 돈키호테가 모험을 경험할 장소가 계속해서 이어져야만 하지요? 대개 이야기는 공간적 배경이 바뀌면서 다양하게 전개되는데, 이 이야기가 벌어지는 공간적인 배경을 바꿔 주는 거예요.

예를 들면 해리포터가 영국에 있는 호그와트라는 마법학교를 다니는 게 아니라 용궁이라는 전혀 새롭고 낯선 마법학교를 다니면 어떨까요? 퀴디치 같은 경기를 빗자루를 타고 날아다니면서 하는 게 아니라 물고기를 타고 헤엄치면서 할지도 몰라요. 마법사들은 모두 지팡이 대신 여의주를 들고 다닐지도 모르고요. 이렇게 이야기의 배경을 바꿔 주면 전혀 새롭고 낯선 이야기를 만들어 낼 수 있어요.

선생님은 3가지를 이야기했지만, 이걸 다양하게 조합해 볼 수도 있어요. 아버지에게 불효하는(인물 바꾸기) 현대판(시간적 배경 바꾸기) 심청이를 만들어 낼 수도 있고, 나쁜 마법사가 된 해리포터(인물 바꾸기)를 한국으로 불러들여서(공간적 배경 바꾸기) 혼내 줄 수도 있어요. 어떤가요? 우리가 잘 아는 익숙한 이야기가 새롭고 신선한 이야기가 되지요?

어린이 여러분, 앞으로 라면 글쓰기를 다양하게 연습해 보세요. 재미있는 이야기들을 쉽게 쓸 수 있을 거예요.

글쓰기 고수 되는 서른여덟 걸음

스토리를 들려주는 서사 글쓰기

서사는 묘사와 함께 이야기를 이끌어 가는 핵심 축이에요. 선생님이 묘사를 앞에서 설명한 것처럼 서사도 글쓰기에서 매우 중요한 부분입니다. 긴 글쓰기에서는 묘사도 중요하지만 서사도 정말 중요해요. 서사는 힘이 떨어지면 이야기가 지루해지고 재미없어지거든요.

먼저 서사에 대해서 좀 더 자세하게 설명할게요.

서사는 이야기에서 줄거리 같은 거라고 이해하면 됩니다. 예를 들어 이런 거예요.

> 『심청전』
> - 시작 : 착한 심청이가 아버지 심봉사와 함께 살았다.
> - 전개 : 심봉사는 눈을 뜨게 해 준다는 약속을 믿고, 공양미 삼백 석을 바치기로 약속한다.
> - 위기 : 심청이는 심봉사의 약속을 지키기 위해서 상단을 따라가기로 한다. 심봉사는 심청이와 안타깝게 헤어진다. 심청이는 인당수에서 뛰어내리고 용궁에 가게 된다.
> - 절정 : 심청이는 연꽃을 타고 돌아와서 왕비가 된다. 심청이는 봉사들을 위한 잔치를 열고 심봉사와 만난다. 심봉사는 눈을 뜨게 된다.
> - 결말 : 심청이와 심봉사는 행복하게 산다.

『심청전』을 간단하게 정리해 보았어요. 이런 스토리의 흐름을 서사라고 합니다. 서사는 시간 순서에 따라 이야기가 어떻게 전개되는지를 말해요. 서사를 잘 표현할수록 이야기가 휙휙 재미있게 흘러간다는 느낌이 들어요. 책을 읽을 때 유난히 재미있게 잘 읽힌다면 바로 서사가 좋은 책이라고 할 수 있지요.

선생님이 판타지 동화 『천년손이 고민해결사무소』를 쓸 때도 마찬가지예요. 같은 방식으로 이야기의 굵은 뼈대를 세우고 거기에 살을 붙여 가지요.

> 지우가 천년손이를 우연히 만났다.
> 천년손이는 지우에게 선계 배틀에 나가 볼 것을 제안하고, 지우는 받아들인다.
> 지우는 선계 배틀에서 두꺼비 짱돌이를 타고 거대 지네를 물리친다.
> 지우는 선계 배틀에서 우승한다.
> 지우는 선계 배틀의 상품으로 환혼석이라는 신비한 돌을 갖게 된다.
> 지우는 환혼석을 써서 요괴 때문에 죽어 가던 마립간을 살린다.

선생님이 『천년손이 고민해결사무소』 1권을 쓸 때 구상했던 서사의 한 부분이에요. 아무리 두꺼운 책이라도 이런 굵직한 뼈대를 세운 다음 나머지 세부적인 부분의 살을 붙여 가면 돼요. 스토리를 실감 나고 재미있게 완성해 주는 것은 서사에서 묘사가 얼마나 잘 표현되느냐에 따라 달라지는 거예요.

어떤가요? 이제 여러분도 선생님처럼 판타지 동화도 쓸 수 있겠지요? 그럼 함께 연습해 봐요.

 **나도 작가가 될래요.**

판타지 작가처럼 글쓰기

주인공

1

2

줄거리

서사 연습하기

여러분은 어떤 이야기를 써 보고 싶은가요? 선생님과 함께 연습해 봐요.

1 이야기의 시작 : 주인공, 시간적, 공간적 배경에 대해 설명해 주세요.

2 이야기의 전개 : 이야기는 어떻게 시작될까요? 어떤 이야기가 전개될지 간단하게 써 보세요.

3 이야기의 위기 : 주인공들에게 어떤 위험이 닥쳤나요?

4 이야기의 절정 : 주인공들은 이 문제를 어떻게 해결하나요?

5 이야기의 결말 : 이야기는 어떻게 끝이 나나요?

6 이제 이야기를 이어서 간단하게 써 보세요.

부록

선생님 고민 있어요

글씨가 너무 엉망이어서 걱정이에요

이 글씨의 주인은 5학년이에요.

왜 이렇게 글씨를 썼을까요? 여러 이유가 있겠지만 선생님은 손에 힘이 없고, 글씨를 많이 안 써 봤기 때문이라고 생각해요.

이런 친구들은 천천히 글씨에 힘을 줘서 써 보는 게 중요해요. 스마트폰이나 태블릿으로 쓰면 되니까 손글씨는 엉망이어도 된다고 생각했나요? 그렇다면 이번 기회에 한 번 글씨를 바꿔 보세요. 앞으로는, 글씨는 내 얼굴이다, 라고 생각하면서 천천히 힘 주어서 써 보세요. 한결 멋진 글씨가 될 거예요.

먼저 손에 힘을 주면서 천천히 써 보세요. 한 칸에 한 글자씩 쓰되 글자가 바깥으로 삐져나가면 안 돼요.

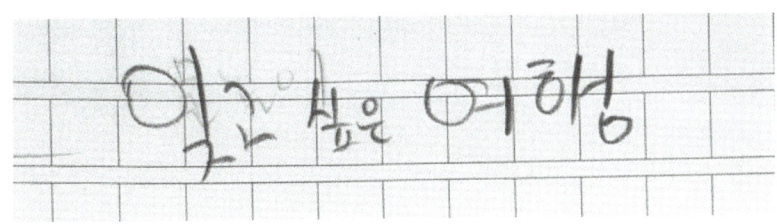

자세히 보세요. 세 줄에 걸쳐서 한 글자를 쓰고 있지요? 그게 아니라 한 칸에 한 글자를 쓰는 거예요. 초등학교 1학년도 아니고, 그걸 왜 몰라, 라고 할 수도 있지만, 아는 것과 잘하는 것은 전혀 다른 얘기예요. 연습해야 해요. 정확하게 똑바로 쳐다보면서 천천히요.

한 칸에 한 글자만 집어넣어야 해요. 이렇게요.

같은 친구가 쓴 글씨예요. 물론 아직 삐뚤빼뚤하긴 해도 앞의 글씨보다는 확실히 나아졌지요?

이처럼 한 칸에 한 글자씩 넣는다는 생각으로 글자를 쓰는 거예요. 특히 칸 밖으로 글자가 나가면 안 돼요. 이 부분을 의식하면서 천천히 쓸수록 글씨는 점점 좋아져요. 이건 가장 눈에 띄게 빨리 좋아지는 부분이니까 함께 연습해 봐요.

처음에는 1학년용 10칸 공책에 연습하는 게 좋아요. 이때도 가장 중요하게 생각해야 할 것은 한 칸에 한 글자가 꼭 들어가야 하고, 칸 바깥으로 글자가 삐져나오거나 아래 줄로 넘어가면 안 된다는 거예요. 이 부분을 꼭 기억해 주세요.

| 헨 | 젤 | 은 | | 그 | 레 | 텔 | 과 | | |

| | | | | | | | | | |

| 함 | 께 | | 숲 | | 속 | 으 | 로 | | |

| | | | | | | | | | |

| 걸 | 어 | | 들 | 어 | 갔 | 습 | 니 | 다 | . |

| | | | | | | | | | |

▶ **글씨 쓰기 연습 1** (굵은 글씨를 따라서 천천히 힘주어서 써 보세요.)

| 나 | 의 | | 조 | 국 | | 대 | 한 | 민 | 국 |

| 나 | 의 | | 조 | 국 | | 대 | 한 | 민 | 국 |

| 나 | 의 | | 조 | 국 | | 대 | 한 | 민 | 국 |

| | | | | | | | | | |

| | | | | | | | | | |

🚩 글씨 쓰기 연습 2 (굵은 글씨를 따라서 천천히 힘주어서 써 보세요.)

키	다	리		아	저	씨		편	지

🚩 글씨 쓰기 (원하는 문장을 써 보세요.)

충분히 연습했나요? 그다음에는 3학년 이상 어린이들이 쓰는 평범한 줄공책에 글씨를 쓰는 거예요. 이때도 칸이 없고, 줄만 있다고 아무렇게나 쓰면 안 돼요. 보이지 않는 선이 칸을 막고 있다고 상상하면서 천천히 써야 해요. 그렇지 않으면 다시 칸이 넘어가 버리는 글씨를 쓰게 돼 버려요. 그럼 그동안 애써서 연습한 글씨가 다시 못생긴 글씨로 돌아가게 된답니다.

함께 연습해 봐요.

연	습	을		충	분	히		했	다	면		다
시		써		보	세	요						
연	습	을		충	분	히		했	다	면		다
시		써		보	세	요						
연	습	을		충	분	히		했	다	면		다
시		써		보	세	요						

한 번 더 연습해 볼까요.

오늘은 　학교에서 　분수의 덧셈을 　했다.

이 연습을 충분히 했다면 줄공책에 써도, 백지에 써도, 칠판에 써도 예쁘게 글씨를 쓸 수 있어요. 혹시라도 예쁜 글씨 쓰기에 아직 자신이 없다면 몇 번이고 이 과정을 반복해서 연습하면 돼요.

아이 글을 어떻게 봐 줘야 하나요?

Q. 아이가 고쳐쓰기를 할 때 옆에서 무슨 질문을 어떻게 해야 할지 모르겠어요.

이건 선생님이 가장 많이 듣는 질문 중 하나예요. 고쳐쓰기를 하면 글이 좋아질 거라는 건 영진이 글을 보면서 충분히 이해했지만, 정작 집에서 글을 쓰려고 하면 어디를 어떻게 고쳐야 할지 지도하기 어렵다는 학부모님 질문이에요.

이번에는 예꼬작 3학년 김서하의 글을 살펴보면서 이 질문에 답해 볼게요. 선생님에게 똑같이 글쓰기를 배웠지만, 서하는 예작 다른 선생님에게 첨삭을 받았어요. 예작 선생님들은 성효샘에게 글쓰기를 배우는 예비작가 선생님들을 말해요. 전국의 다양한 지역에서 근무하시는 선생님들이라 첨삭도 온라인으로 진행했어요. 예작 선생님이 서하에게 어떤 지도를 해 주셨는지 볼게요.

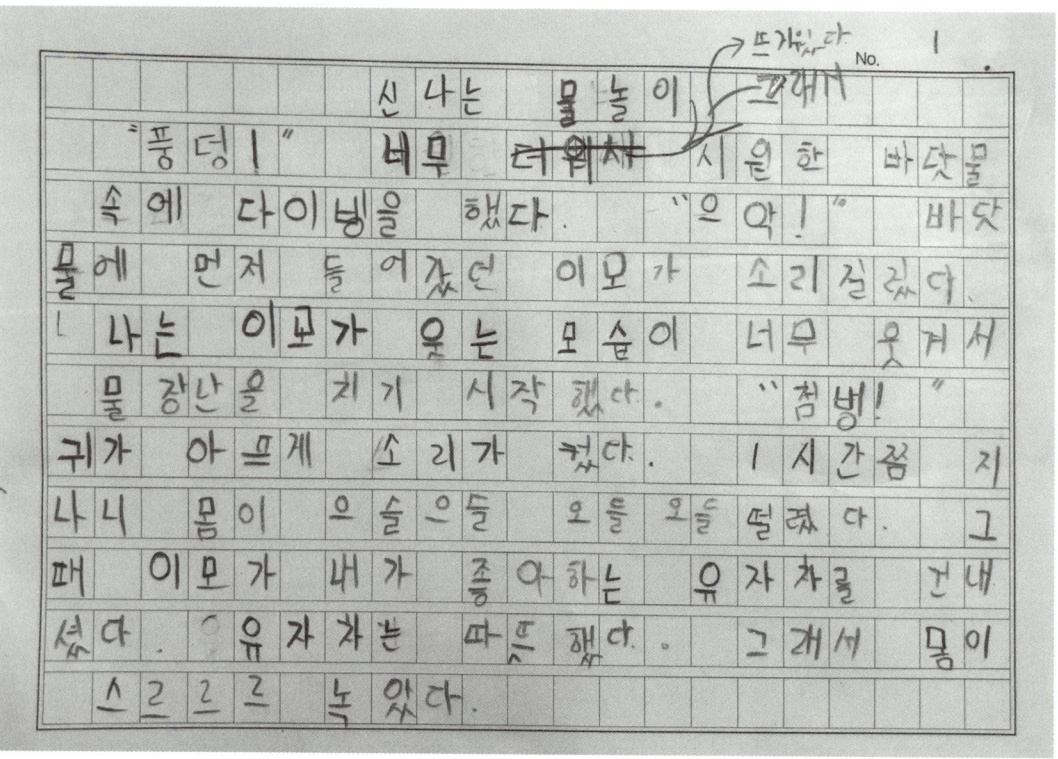

신나는 물놀이

3학년 김서하

"풍덩!"

너무 뜨거웠다. 그래서 시원한 바닷물 속에 다이빙을 했다.

"으악!"

먼저 물에 들어갔던 이모가 소리 질렀다. 나는 이모가 웃는 모습이 너무 웃겨서 물장난을 치기 시작했다.

"첨벙!"

귀가 아프게 소리가 컸다. 1시간쯤 지나니 몸이 으슬으슬 오들오들 떨렸다. 그때 이모가 내가 좋아하는 유자차를 건네셨다. 유자차는 따뜻했다. 그래서 몸이 스르르르 녹았다. (200자)

우정샘은 어떤 부분을 조언해 주셨는지 살펴볼게요.

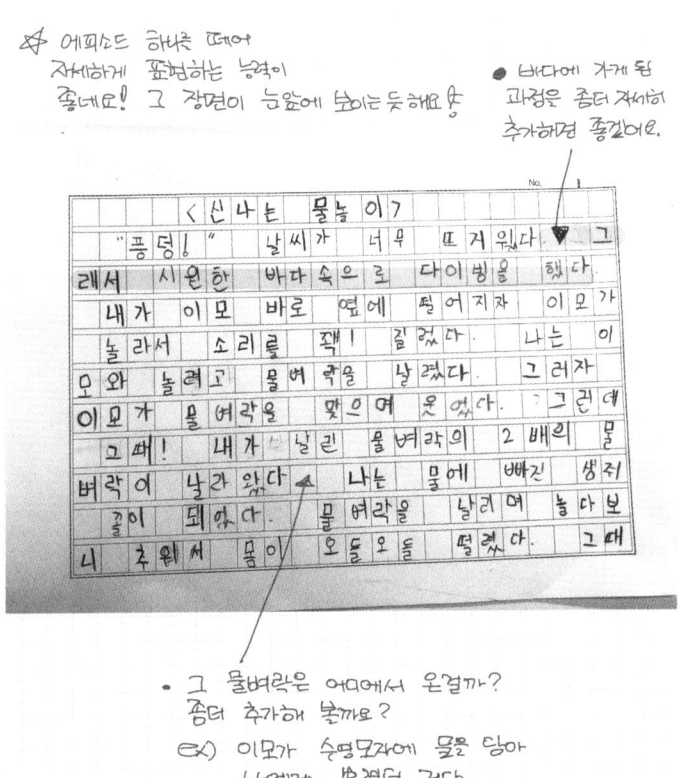

우정샘은 서하에게 몇 가지를 조언해 주셨어요.

첫째, 에피소드 하나를 자세하게 풀어내는 힘이 좋아요.

둘째, 바다에 가게 된 과정을 좀 더 자세하게 써 주세요.

셋째, 물벼락이 어디에서 왔는지 추가해 보세요. 예를 들면 이모가 수영모자에 물을 담아 나에게 뿌렸다처럼.

> **우정샘**
> 서하는 하나의 에피소드를 떼어 아주 자세히 썼네요. 물놀이를 하면서 볼 수 있는 여러 상황을 감각적으로 잘 써서 마치 눈앞에서 직접 보는 듯한 느낌이에요. 시를 좋아한다고 하는 특성 때문일까요? 시에서는 감각적이고 눈에 보이는 듯한 표현을 많이 쓰니까요.
> 제목처럼 '신나는' 물놀이를 잘 표현해 주었어요. 흉내 내는 말과 큰따옴표의 대화글도 적절히 잘 활용하고요. 충분히 설명이 잘된 문장도 많고요. 질문이 나오지 않도록 자세히 고민한 노력이 정말 보이네요.
>
> 요것만 약간 수정해 볼까요?
> 1. 상황을 좀 더 자세히 설명해 볼까요? 바다에 가게 된 과정에 대해 좀 더 구체적으로 추가하면 더 그 상황이 이해가 잘될 것 같아요.
> 예) 너무 뜨거운 날씨였다. 우리는 이모네와 함께 시원한 바다로 피서를 갔다. 도착하자마자 나는 수영복으로 갈아입고 바다로 뛰어갔다. "풍덩!" 시원한 바다 속으로 다이빙을 했다.
> 예) 내가 날린 물벼락의 2배의 물벼락이 날아왔다.
> → 내가 날린 물벼락의 2배의 물벼락이 날아왔다. 바로 이모가 수영 모자에 물을 담아 나에게 한꺼번에 뿌린 것이다.
>
> 서하가 지금처럼 하나의 이야기를 이렇게 재미있게 표현하고 또 다른 이야기를 풀어 쓰다 보면 긴 글도 충분히 잘 쓸 수 있을 것 같네요. 앞으로 성효샘의 글쓰기 비법을 배우고 멋진 글을 쓰는 서하의 모습을 기대할게요!

우정샘의 친절하고 따뜻한 조언이 있고 나서 서하의 글은 어떻게 달라졌을까요?

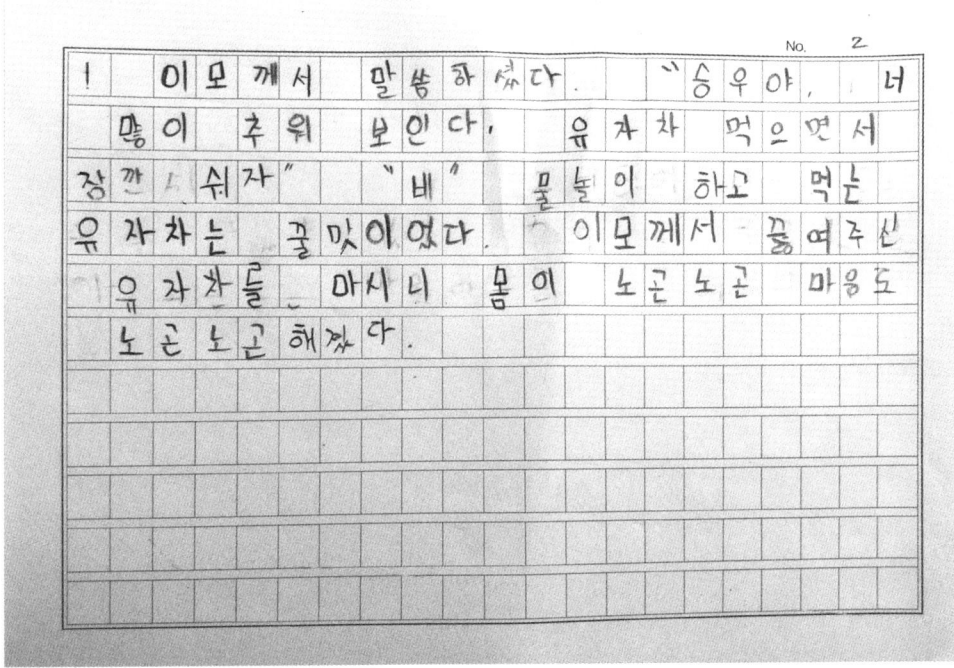

신나는 물놀이

3학년 김서하

"풍덩!"

날씨가 너무 뜨거웠다. 그래서 시원한 바다 속으로 다이빙을 했다. 내가 이모 바로 옆에 떨어지자 이모가 놀라서 소리를 꽥 질렀다. 나는 이모와 놀려고 물벼락을 날렸다. 그러자 이모가 물벼락을 맞으며 웃었다. 그런데 그때 내가 날린 물벼락의 두 배의 물벼락이 날아왔다. 나는 물에 빠진 생쥐 꼴이 되었다. 물벼락을 날리며 놀다 보니, 추워서 몸이 오들오들 떨렸다. 그때 이모께서 말씀하셨다.

"너 많이 추워 보인다. 유자차 먹으면서 잠깐 쉬자."

"네."

물놀이를 하고 먹는 유자차는 꿀맛이었다. 이모가 끓여 주신 유자차를 먹으니, 몸도 노곤노곤 마음도 노곤노곤해졌다. (320자)

서하의 글은 우정샘이 말씀해 주신 부분들이 살아나면서 좀 더 실감나는 글이 되었지요? 이 글 제목은 신나는 물놀이지만, 실제로는 물벼락이란 표현이 꽤 여러 번 나와요. 물놀이라기보다는 물벼락을 맞으면서 놀았던 이야기를 쓰고 싶었던 것이죠.

우정샘이 이 부분을 짚어 준 것도 그래서예요. 핵심이 되는 이야기를 자세하게 써 주어야 하니까요. 이렇게 글에서 핵심이 되는 부분을 더 자세하게 써 주면 글의 분위기와 상황이 더욱 실감 나면서 확 살아나게 돼요. 재미있게 강조해서 쓰고 싶은 게 어떤 부분인지를 생각해 보면 좋아요.

꾸준함은 탁월함을 만든다

　이 책에서 이야기한 다양한 글쓰기 방법은 작가로서 32권의 책을 출판한 제가 지금도 실천하고 있는 방법들입니다. 이 정도만 연습하고 함께 따라 쓴다면 실제로도 어떤 글이든 자신 있게 쓸 수 있을 것입니다.

　글쓰기는 정말로 힘이 셉니다. 삶을 단단하게 만들어 주고, 생각을 키워 주고, 눈에 보이지 않는 세계도 뚝딱 건설할 수 있습니다. 공부를 잘하게 되는 것은 더 말할 것도 없지요.

　이 책에서 여러분에게 알려 준 모든 내용은 그동안 선생님이 10년 넘게 연구하고 가르치면서 갈고 닦아 온 내용이랍니다. 선생님이 글을 써 온 모든 날의 피, 땀, 눈물이 들어 있는 진짜 글쓰기 잘하는 비법이에요.

　이제 남은 것은 연습, 또 연습, 그리고 다시 연습뿐입니다.

　꾸준함은 탁월함을 만듭니다.

　여러분도 꾸준히 연습해 보세요. 한 편의 글을 두 번, 세 번 고쳐 쓰면서 놀라울 만큼 글이 느는 기적을 보게 될 거예요.

　글쓰기의 세계로 뛰어든 예꼬작 어린이들에게 멀리서 응원과 사랑을 보냅니다.